Die Grer

Die Autorin:

Annelies Schwarz wurde 1938 in Böhmen geboren und verbrachte dort ihre Kindheit. Nach der Vertreibung besuchte sie die Schule in Gößnitz und Hannover. Sie studierte Pädagogik und Bildende Kunst in Hannover und Berlin.
In Berlin und Bremerhaven war sie als Lehrerin und freischaffende Malerin tätig. Während dieser Zeit kamen ihre drei Kinder auf die Welt. Von 1972 bis 1980 hatte sie einen Lehrauftrag für Spiel und Kindertheater in Bremen.
Seit 1973 lebt Annelies Schwarz mit ihrer Familie in Bremen und unterrichtet an einem Bremer Schulzentrum. Ihr erstes Buch ›Wir werden uns wiederfinden. Die Vertreibung einer Familie‹, dtv pocket 7820, kam gleich in die Auswahlliste zum Deutschen Jugendbuchpreis und wurde von der Deutschen Akademie für Kinder- und Jugendliteratur in Volkach zum Buch des Monats gewählt. Der vorliegende Band erzählt vom weiteren Schicksal der kleinen Liese nach dem Zweiten Weltkrieg.
Die jüngsten Titel der Autorin heißen ›Hamide spielt Hamide. Ein türkisches Mädchen in Deutschland‹, dtv pocket 7864 (Buch des Monats der JU-BU-CREW, Göttingen) und ›Akuabo – sei willkommen! Reise in ein Dorf in Ghana‹, dtv pocket 78009. Zu dem Bilderbuch ›Das Tier mit den Funkelaugen‹ schrieb sie den Text.

Annelies Schwarz

Die Grenze –
ich habe sie gespürt!

Eine Kindheit in Deutschland-Ost
und Deutschland-West
1945–1950

Deutscher
Taschenbuch
Verlag

Dieser Titel erschien auch in schwedischer Sprache.

Zu diesem Band gibt es ein Unterrichtsmodell, enthalten in der Folge 1985 von LESEN IN DER SCHULE (Ausgabe Sekundarstufen), die zum Selbstkostenpreis über den Verlag zu beziehen ist.

Von Annelies Schwarz sind außerdem bei dtv junior erschienen:
Wir werden uns wiederfinden. Die Vertreibung einer Familie, dtv pocket 7820
Hamide spielt Hamide. Ein türkisches Mädchen in Deutschland, dtv pocket 7864
Akuabo – sei willkommen! Reise in ein Dorf in Ghana, dtv pocket 78009 (erscheine Oktober '90)

Originalausgabe
Oktober 1984
5. Auflage September 1990
© 1984 Deutscher Taschenbuch Verlag GmbH & Co. KG, München
Umschlaggestaltung: Celestino Piatti
Umschlagbild: Reinhard Michl
Gesetzt aus der Garamond 10/12·
Gesamtherstellung: Kösel, Kempten
Printed in Germany · ISBN 3-423-07846-4

Josef, meinem Vater

Herbst 1945
Mit dem großen Strom der deutschen Flüchtlinge und
Heimatvertriebenen aus dem Osten in einem Haus in
Thüringen einen Unterschlupf finden

Der schwarze, gußeiserne Ofen strahlt Hitze aus, bis hoch
ins silbern angemalte Knierohr, das auf halber Zimmer-
höhe in der Wand verschwindet. Vorsichtig öffne ich mit
dem Haken die Ofentür, rote Koksglut strahlt mir entgegen. Mein Gesicht wird ganz heiß. Schnell schließe ich das
Türchen wieder, ringle mich auf dem Boden vor dem Ofen
wie eine Katze zusammen. Wenn ich schnurren könnte,
würde ich jetzt ganz tief schnurren, so gemütlich warm
wird mir.

Sie haben mich raufgeschickt, weil ich unten im Flur
von Nielsens so gefroren habe.

»Geh hoch und setz dich vor den Ofen, sonst wirst du
noch krank«, hat Mutter gesagt.

Mutter und Großmutter stehen jetzt noch unten im
Flur. Sie reden so viel und schon so lange über all das, was
sie in den letzten Wochen erlebt haben, reden im Stehen
im kalten Flur und finden immer noch etwas zum Erzählen.

Frau Nielsen könnte uns ja auch in ihre geheizte Küche
hereinholen. Aber solange wir hier wohnen, hat sie es
noch nicht getan. Wegen Carla, ihrer kranken Tochter.
Carla, die immer mit einer Wäscheklammer herumspielt
und lallt und sabbert, obwohl sie schon vierzehn Jahre alt
ist. Carlas Platz ist in der Küche, und Frau Nielsen will
nicht, daß Fremde sehen, daß wegen Carla nicht immer
alles ordentlich ist.

Heute vormittag habe ich Carla gesehen. Sie lief im
Garten herum und lachte laut, immerzu. Erst habe ich
mich hinter einem Baum versteckt und ihr zugesehen, wie

sie die Holzklammer zwischen ihren Fingern turnen ließ, nie fiel die Klammer herunter. Carla tut euch nichts, aber wenn ihr sie ärgert, schlägt sie zu, hatte Frau Nielsen bei unserem Einzug vor zwei Wochen gesagt.

Als Carla mir den Rücken zukehrte, hob ich schnell einen Apfel von der Wiese auf. Das ist eigentlich verboten, denn alle Äpfel im Garten gehören Nielsens. Ich biß in den Apfel hinein, aber er hatte ein dickes Wurmloch. Aus sicherer Entfernung warf ich ihn vor Carlas Füße. Ob sie mich entdeckt? Ob sie böse wird? Aber sie ist weitergegangen, hat mich nicht gesehen, hat nicht mal hingeguckt, wie der Apfelgripsch vor ihre Füße geflogen ist.

Nun trommelt Regen ans Fenster. Die Wiese um das Haus ist jetzt wohl wie ein nasser Schwamm. Draußen liegen keine Äpfel mehr; Witte, Frau Nielsens Sohn, hat alle aufgehoben und ins Haus getragen. Der Sturm hatte die Äpfel gestern von den Zweigen gerissen, und niemand läßt in dieser Zeit Äpfel auf der Wiese liegen.

Ich stütze das Kinn auf die braungestrichenen Fußbodenbretter. Wo sie aneinanderstoßen, bilden sie dunkle Linien. Ich sehe an ihnen entlang bis hinten an die Zimmerwand. Unterm Fensterbrett sind dunkle Flecken. Sie sehen aus wie große Schmetterlinge und glänzen vor Feuchtigkeit, denn bis dorthin reicht die Ofenwärme nicht.

Mir macht das nichts aus, ich finde die Schmetterlinge schön. Aber Mutter mag sie nicht.

»In den feuchten Räumen werden wir alle noch krank«, sagt sie.

Im Schlafzimmer nebenan gibt es keinen Ofen, dort sind alle Wände feucht. Seit es draußen kühler geworden ist und oft regnet, fängt die Tapete sogar schon an zu schimmeln.

Wir hatten uns die Wohnung viel schöner vorgestellt, als Vater von ihr erzählte.

»Wir werden zwei Räume ganz für uns allein haben«, hatte er gesagt, »nachmittags scheint sogar die Sonne hinein, und ein paar Möbel will uns Frau Nielsen auch noch geben.«

Als Vater das sagte, saßen wir auf den Strohsäcken im Flüchtlingslager, mit vielen anderen Flüchtlingen zusammen in einem Raum. Dort wohnten wir seit diesem Sommer, dort hatte unsere unfreiwillige Irrfahrt und Vertreibung aus unserem Heimatdorf in der Tschechoslowakei ein vorläufiges Ende gefunden. Dort hatte uns auch Vater endlich wiedergefunden. Er war Soldat gewesen und hatte uns bei Kriegsende überall gesucht. Er wußte ja, daß wir aus unserem Heimatdorf vertrieben worden waren. Auch er hätte nicht mehr dorthin zurückkehren dürfen. Nun lebten wir im Lager, meine Eltern, meine Großmutter und wir Geschwister, Christel, Wolfgang und ich. Zuerst einmal waren wir froh, daß wir nicht mehr weiterfahren mußten, mit anderen Heimatvertriebenen zusammen in überfüllten Zügen. Wir waren froh, daß wir nicht mehr auf den Bahnhöfen schlafen mußten, wie wir es so oft getan hatten seit unserer Vertreibung. Doch nun war es schwer für Vater und Mutter, eine Wohnung zu finden.

Wir sind ja nur eine einzige Familie unter fünfzehn Millionen Flüchtlingen und Heimatvertriebenen. So viele wurden nach dem Zweiten Weltkrieg aus den deutschen Gebieten jenseits der Oder-Neiße-Linie ausgewiesen. Und alle suchen eine Bleibe, eine Wohnung, in den vier von den Siegermächten besetzten Zonen in Deutschland. Die Wohnungsnot ist auch deshalb so groß, weil viele Menschen ihre Häuser durch Bombenangriffe verloren haben und obdachlos geworden sind. So hat es uns Vater immer wieder erklärt.

»Wir müssen alle für den Krieg, den wir begonnen haben, bezahlen«, sagt er.

Wir wohnen jetzt in Gößnitz, in Thüringen, und das liegt in der von den Russen besetzten Zone. Vater, Mutter und Großmutter waren froh, daß sie das Lager verlassen konnten, wie überhaupt jeder froh war, wenn er da wieder herauskam.

Aber für mich hieß es Abschied nehmen, Abschied von meinen neuen Freunden, den vielen Lagerkindern, zu denen ich gehörte.

Wir hatten am Nachmittag zusammen in den Wiesen am Fluß und im seichten Wasser gespielt. Wir hatten eine Geheimsprache, ich kannte hier alle Verstecke, kannte unsere gemeinsamen Spiele. Ich weiß noch, wie wir lachten, als wir mit ganz kurz geschnittenen Haaren über die gemähten Wiesen rannten. Das war, als wir alle im Lager Kopfläuse hatten und gemeinsam entlaust wurden. Wir sahen so ulkig aus, und es dauerte eine ganze Weile, bis uns die Haare wieder gewachsen waren.

Ich wollte bei den Kindern bleiben.

Schließlich aber hatte mich die Freude der Großen auf eine eigene Wohnung doch angesteckt.

Am Umzugstag luden wir die Rucksäcke und etwas geschenktes Geschirr auf einen geborgten Leiterwagen, zogen ihn durch die Stadt und schließlich den Pfarrberg hinauf. Die Strohsäcke mußten wir im Lager zurücklassen, sie gehörten uns nicht. Alles, was wir besaßen, ging leicht auf den Leiterwagen drauf, es war nicht viel.

In den beiden Zimmern, die jetzt unsere Wohnung wurden, standen bereits ein runder Tisch, ein kleines Sofa und ein paar Stühle. Die Räume lagen in einer alten Villa, die eigentlich ein Einfamilienhaus war. Nielsens hatten mehrere Zimmer an Flüchtlinge abgeben müssen. Sie kommen sich sehr großmütig vor, daß sie uns auch noch die Möbel überlassen haben, und erwarten nun von uns, daß wir dankbar und rücksichtsvoll sind.

»Macht ja keinen Kratzer auf die Möbel! Schieb den Stuhl nicht so laut!« sagt Mutter mehrmals am Tag angstvoll, »Frau Nielsen beklagt sich sonst wieder, daß bei ihr unten die Lampe wackelt, seitdem wir da oben wohnen. – Nur ja nicht auf das Sofa klecksen! Die Möbel gehören nicht uns!«

Mutters mahnende Worte machen mir die Wohnung nicht gemütlicher. Sie will, daß wir niemandem zur Last fallen, daß Nielsens von uns drei Kindern einen guten Eindruck bekommen. Mutter hat Angst, daß sie die geborgten Gegenstände einmal beschädigt zurückgeben muß, weil wir kein Geld haben, sie zu ersetzen.

Ich höre draußen eine Tür klappen, dann ein paar Schritte, laut rauscht ein Wasserstrahl in einen Blechkübel. Jemand ist zu dem einzigen Wasserhahn im oberen Stockwerk der Villa gegangen.

Ob das Herr Hals ist oder seine Frau Luise? Sie sind auch Flüchtlinge, aus Schlesien, und wohnen im Zimmer neben uns. Herr Hals ist ein freundlicher Mann, manchmal holt er mich in sein Zimmer, dann zeigt er auf die Zimmerwände und sagt: »Siehst du, Liese, wir haben alles, uns fehlt es an nichts, und wenn Luise doch noch einen Wunsch hat, wird er sofort erfüllt. Von mir höchstpersönlich.«

Dabei lacht er und zwinkert mit den Augen. In Wirklichkeit sind nur zwei Stühle, ein Bett, ein Koffer, eine Kleiderstange und ein Ofen im Zimmer.

Alles andere gibt es zwar, aber nicht zum Gebrauch. Die Sachen sind mit braunen Pinselstrichen an die Wand gemalt. An der Wand über dem echten Bett sieht man ein gemaltes Regal mit Tellern, Krügen und Tassen; neben dem Ofen, über und unter dem quer über die Wand laufenden Ofenrohr gibt's Pfannen mit Gesichtern und Beinen. Die Pfannengesichter sehen sehr lustig aus.

»Vielleicht bekomme ich noch mal ein schönes Rot«, sagte Herr Hals neulich, »dann male ich noch ein Blumenmuster auf die Tassen für Luise.«

Herr Hals hat nämlich nur einen Farbtopf mit brauner Farbe.

Ich finde seine Bilder schön und möchte auch in einem so lustig bemalten Zimmer wohnen. Auf unsere Tapeten dürfen wir aber nichts draufmalen, Mutter meint, sie hätten noch ein richtiges Muster, das man erkennen kann.

Die Tür draußen wird wieder geschlossen. Auf der Treppe werden jetzt Schritte laut. Sie kommen hoch. Mutter öffnet die Zimmertür. Sie trägt meinen Bruder Wolfgang auf dem Arm, Christl und Großmutter kommen nach.

»Was machst du denn auf dem Fußboden, Liesel? Steh schnell auf, so erkältest du dich noch mehr«, ruft Mutter erschrocken.

Aber mir ist ganz warm. Ich stehe von meinem warmen Platz vor dem Ofen auf und renne aufs Klo hinunter. Das einzige Klo für alle Untermieter in der Villa ist unten im Keller. Dort sitze ich lange und denke an Herrn Hals, an die gemalten Sachen an der Wand und an Luise, die immerzu raucht.

Plötzlich klopft es laut an die Tür. Ich soll endlich rauskommen und nicht so lang das Klo besetzt halten. Draußen steht Nielsens Witte. Wie ich schnell an ihm vorbeirennen will, stellt er mir ein Bein. Dafür strecke ich ihm die Zunge raus.

»Ich krieg dich schon noch!« ruft er mir nach.

Ich hab Angst vor Witte, er fühlt sich als Hausbesitzerssohn. Vielleicht will er mich hauen. Er ist zwölf und viel größer als ich.

Ich glaube, er kann mich nicht leiden.

Was der Mensch besitzt, was ihm geblieben ist nach dem
Krieg, wird in diesem Winter wichtig

Auf dem vereisten, ausgetretenen Feldweg liegt Schnee.
Wir wollen zur Straße hinüber, dann auf ihr entlanggehen
bis zum Bäckerhaus und um die Ecke in den Pfarrberg
einbiegen. So kommen wir am schnellsten nach Haus.
Ohne viel zu reden, laufen Christl und ich den Feldweg
entlang. Christls Schuhe drücken vor mir hübsche Strei-
fenmuster in den Schnee.

Meine Schuhe machen das gleiche Muster, nur ist die
Sohle kürzer. Ich bleibe stehen und trete noch viele
Schuhsohlensterne mit gestriften Zacken in den Schnee
dazu.

»Komm, Liesl«, ruft Christl, »jetzt bist du mal dran.«
Christl stellt die große Stofftasche auf den Weg, hüpft
weiter und ist froh, daß sie die Tasche los ist.

Ich möchte gern noch mehr Muster mit den schwarzen
neuen Schnürstiefeln in den Schnee treten. Ich habe sie erst
seit zwei Tagen. Mutter hat lange im Rathaus in der
Schlange gestanden, bis sie den Bezugschein dafür bekam.
Es hieß schon, es gibt keine Kinderstiefel mehr, und ich
hatte doch nur noch die durchgelaufenen Sommerschuhe,
in denen die Strümpfe vorn so schnell naß wurden.

»Komm«, ermahnt mich Christl wieder, »es wird bald
dunkel.«

Sie ist mir schon weit voraus.

»Warte auf mich, du bist gemein!« Laut ruf ich's durch
die Schneeflocken.

»Ich will mein neues Buch lesen«, gibt sie zurück und
rennt noch schneller.

Ich renne ihr nach. Mit einer Hand halte ich die neue
Puppe, mit der anderen die Tasche.

Jetzt ist die Tasche leicht. Auf dem Hinweg mußten wir sie zu zweit tragen, weil sie so schwer war. Bis oben hin war sie mit Briketts gefüllt. Die schickte Mutter dem Fräulein Liebig. Meine alte Lehrerin, Fräulein Liebig, hat nämlich keine Kohlen mehr. Kohle ist knapp in der ganzen Stadt, es kommen keine neuen Lieferungen in diesem ersten Winter nach dem Krieg. Fräulein Liebig muß zu Hause in ihrer Wohnung frieren, und sie hat doch Rheumatismus.

»Heimatvertriebenen- und Flüchtlingskindern wollen wir alle helfen, nicht wahr?« hat sie vorige Woche vor der Klasse gesagt.

In meiner Klasse sind ungefähr die Hälfte der Kinder Gößnitzer, oder sie kommen aus den Dörfern in der Umgebung von Gößnitz. Die andere Hälfte sind Flüchtlinge und Heimatvertriebene, wie ich eine bin. Sie sind oft viel größer und auch älter als die Gößnitzer Kinder, manche sind schon neun Jahre alt und müssen noch einmal in die erste Schulklasse gehen.

Fräulein Liebig hat uns erklärt, daß viele Kinder während des Krieges gar nicht zur Schule gehen konnten und deshalb wieder alles vergessen haben, was sie schon einmal gelernt hatten. Es sei besser, sie wiederholten noch einmal von Anfang an gründlich.

Von Tag zu Tag wird unser Klassenzimmer voller. Es kommen immer noch Kinder von Vertriebenen dazu. Manche müssen auf den Fensterbänken sitzen, weil nicht genügend Bankplätze da sind. Die neuen Kinder sehen oft sehr mager und müde aus, ihre Kleider sind überall gestopft und geflickt, und die Arme gucken weit aus den viel zu kurzen Jackenärmeln heraus. Sicher durften sie, genau wie wir im vergangenen Sommer, nur wenig Gepäck auf die Flucht mitnehmen. In einen kleinen Rucksack paßt nicht viel, und die Spielsachen mußten sie wie ich zu Hause lassen.

14

Ich bin jetzt froh, daß wir schon eine Wohnung haben, die meisten der Flüchtlinge hausen noch immer in Lagern.

Fräulein Liebig hatte Mitleid, sie wollte, daß die Gößnitzer helfen. Ein paar Gößnitzer Kinder brachten auch wirklich in den nächsten Tagen Holzspielsachen und alte Bücher mit. Die wurden verteilt, aber es reichte nicht für alle. Auch Christl und ich gingen leer aus. Da hat Fräulein Liebig meine Schwester und mich zu sich eingeladen.

»Ich finde bestimmt noch was für euch zum Spielen«, hat sie gesagt.

Und als Dank dafür sollte sie unsere Kohle bekommen.

In unseren zwei Zimmern gibt es nicht so feine Sachen wie in Fräulein Liebigs Wohnung, aber frieren müssen wir nicht. Seit Vater in der Kohlengrube in Thräna arbeitet, haben wir genug Kohle für unseren Ofen. Vater bringt fast jeden Abend Briketts im Rucksack mit nach Haus, und manchmal verschenken wir sogar einige davon. Die Leute freuen sich dann riesig und Fräulein Liebig auch.

Wir mußten uns bei ihr auf samtene Polsterstühle setzen und Kekse essen. Nach einer Weile holte sie aus dem anliegenden Zimmer eine Puppe mit Klappaugen und ein Buch. Ich sah es schon, als die Puppe noch in Fräulein Liebigs Hand war, daß sie meine Puppe werden würde. Sie sah mich an und lächelte genau wie meine Minka zu Hause in der Tschechoslowakei. Ich merkte natürlich, daß Christl auch gern die Puppe haben wollte, aber zum Glück sagte Fräulein Liebig: »Die Puppe ist für dich, Liese, und du, Christl, bekommst das Buch, weil du schon so gut lesen kannst.«

Ich drücke den leichten Puppenkörper an mich und spüre ihn durch den Mantel hindurch. Gleich habe ich Christl eingeholt, sie ist schon auf der Straße zum Bäckerhaus. Gemeinsam biegen wir um die Ecke.

Unter dem frischgefallenen Schnee ist es rutschig. Es geht etwas bergauf. Ganz fest halte ich meine neue Minka. Sie ist schon voll Schnee, wie mein Ärmel und mein Handschuh. Ich hauche meinen warmen Atem auf die Schneeflocken, die auf ihren langen Wimpern liegen. »Minka«, sage ich leise zu ihr.

Von den schmelzenden Flocken wird Minkas Gesicht naß, sie sieht so aus, als ob sie weint. Aber schnell sind wieder neue Flocken auf ihrer Stupsnase, das sieht lustig aus. Dort, unter dem Schein der Straßenlaterne, sehe ich sie mir noch mal an. Ich kann die einzelnen Schneekristalle auf ihrem Puppengesicht erkennen.

Schneekristalle – das Wort wird in mir auf einmal ganz deutlich. Gestern abend hatte ich das Wort in einem Buch gesehen, als ich mit Vater lesen übte. In dieser Geschichte suchte ein Junge Schneekristalle. Er ging an einem klaren, frostigen Tag über die Hügel und sah sie überall glitzern.

›Nachher muß ich bestimmt die Geschichte wieder laut vorlesen, und heute habe ich noch gar nicht geübt‹, geht's mir durch den Kopf. Hoffentlich ist Vater nicht böse auf mich. Er möchte so gerne, daß ich fehlerfrei und mit Ausdruck vorlese.

»Ist es nicht schön, wie der Dichter das alles beschreibt?« sagt Vater immer wieder eindringlich zu mir, »beim lauten Lesen kann man sich alles ganz besonders gut vorstellen«, und: »Was ein Mensch gelernt hat, kann ihm niemand mehr nehmen«, fügt er manchmal noch hinzu.

Mir wird das Lesen oft langweilig. Wenn Vater das merkt, wird er traurig. »Es bedeutet so viel im Leben, wenn man Bücher als Freunde hat«, sagt er dann.

Langsam gehe ich weiter, aus dem Lichtschein der Staßenlaterne heraus. Ich schaue nur auf die Schneekristalle, die auf Minka liegen, denke an Vaters Gesicht, an das Geschichtenbuch, sehe nicht, daß ich in die Eisrille trete. Ich rutsche, kann mich nicht mehr halten, auch nicht abfangen, weil ich ja Minka und die Tasche halten muß, und schlage mit dem Kopf auf das Eis.

Es flimmert vor meinen Augen.

»So komm doch endlich, wir kriegen Schimpfe!« höre ich Christl.

Ich rapple mich auf, noch tanzen Sterne vor meinen Augen, sicher gibt's eine Beule. Christl zieht mich weiter, sie nimmt jetzt die Tasche. Wir gehen vorsichtiger, treten nur da auf, wo Schlacke auf die Straße gestreut worden ist.

Da hinten ist schon Nielsens Garten zu sehen.

Vor dem Gartentor steht ein Mann. Wir sehen nur seinen schwarzen Umriß in der Dunkelheit. Der Mann hustet. Als er sich zur Seite dreht, sehen wir, daß er einen Rucksack trägt.

»Vater!« rufen Christl und ich gleichzeitig.

»Ihr seid es, Kinder!« Er kann kaum den Husten unterdrücken. »Kommt schnell rein, es wird wieder sehr kalt heut nacht.«

Wir gehen hinter ihm durch den Garten ins Haus. Vaters Husten hört sich schlimm an. Sein Rücken unter dem Rucksack ist gebeugt. Vielleicht ist Vater heute zu müde zum Lesenüben?

›Ach, wär' das bloß so‹, denke ich.

Im Hausflur legt er die Hand auf meine Schulter. »Was trägst du denn da, Liese?« fragt er.

»Eine Puppe von Fräulein Liebig«, sage ich und halte sie hoch.

»Schön, schön«, sagt er und muß wieder husten.

An den Rändern seiner Brillengläser sehe ich noch Kohlenstaub.

»Die habe ich für deine Briketts bekommen«, sage ich zu ihm und denke auf einmal: ›Ich werde Minka vor uns auf den Tisch setzen, sie soll die Schneekristallgeschichte

17

mit anhören, und ich werde mit Vater so lange lesen, bis er ganz zufrieden ist.‹

Ich laufe ganz schnell die Treppe hinauf, weil ich so froh über diesen Gedanken bin. Dabei renne ich fast Luise um, die im halbdunklen Flur Wasser einlaufen läßt.

»In diesem Haus hat man keine Ruhe vor den Kindern«, murmelt sie.

Aber das ist mir jetzt gleichgültig, ich mache unsere Zimmertür ganz weit auf und rufe hinein: »Vati ist da!«

Frühsommer 1946
Kann man eine Heimat verlieren und gleich eine neue wiederfinden? Wie wird ein neues Land zur Heimat?

Sie stehen schon vor dem Gartentor und warten auf mich, Walter, Elsa und Renate. Ich renne den Gartenweg hinunter, und zu viert machen wir uns auf den Schulweg. Der Morgen ist schön, wir gehen der Sonne entgegen.

»He! Wartet auf uns!« ruft es da von hinten. Es sind Rudi und Christian aus dem Dorf hinterm Wald. Sie haben schon über eine halbe Stunde Fußweg hinter sich und holen uns jetzt ein.

Die Schule liegt unten im Städtchen, in der Nähe der Pleiße. Ich kenne den Fluß gut, er fließt am Flüchtlingslager vorbei. Bin letzten Sommer lang genug im flachen Wasser der Pleiße herumgewatet und habe Kieselsteine und andere Schätze auf ihrem Grund gefunden.

Je näher wir der Schule kommen, desto größer wird die Kinderschar. Vor dem Topfladen warten wir noch auf Herbert. In diesem Laden kann man Stahlhelme gegen Töpfe eintauschen. Die Leute geben hier die Stahlhelme ab, die sie manchmal im Wald finden. Dort hatten sie deutsche Soldaten bei Kriegsende versteckt.

Auf dem Schulhof wimmelt es schon von Kindern. Die Schulglocke schrillt laut über den Platz. Die Schüler stellen sich zwei und zwei auf. Jede Klasse hat einen bestimmten Platz. Ich gehe zur 2b und stelle mich neben Renate.

»Renate, Tomate, ich geh mir dir«, sage ich.

Renate ist kein Flüchtling, sie ist wie Elsa aus Gößnitz, und ich stehe am liebsten mit Gößnitzer Kindern zusammen.

Sie sprechen etwas anders als wir aus dem Sudetenland. Sie sagen oft: »gelle«. Das klingt komisch. Ich will genauso reden wie sie, und Mutter sagt, daß sie mich nicht mehr heraushört, wenn ich mit Gößnitzer Kindern zusammen bin.

Da fällt es mir wieder ein!

»Renate«, sage ich, »Fräulein Liebig ist ab heute nicht mehr da.«

»Mal sehen, wie die Neue ist«, antwortet Renate und setzt gleich hinzu: »Mein Vater meint, wir sollen jetzt sozialistisch erzogen werden. Das können die alten Lehrer nicht, weil sie noch aus der Nazizeit stammen.«

»Aber Fräulein Liebig war kein Nazi«, sage ich. »Ich weiß das, sie hat es zu Mutter gesagt, als ich dabeistand.«

»Schade, daß sie weg ist«, sagt nun auch Renate.

Fräulein Liebig hat sich gestern von uns verabschiedet. Jedem Kind in der Klasse hat sie die Hand gegeben, und wir sind dreiundfünfzig Kinder.

»Ich muß gehen«, hat sie gesagt, »ihr sollt von jüngeren, fortschrittlichen Lehrern unterrichtet werden. Ab morgen habt ihr eine Junglehrerin.«

Als sie dann an der Tür stand, mit ihren dünnen Rheumatismusbeinen in den Stöckelschuhen und mit der abgeschabten Aktentasche in der Hand, hätte sie fast geweint.

»Ich bin sehr traurig«, sagte sie und ging.

»Was wird das bloß für'ne Schreckschraube sein!« ruft jetzt Herbert und reißt mich aus meinen Gedanken.

Da kommt sie schon. Sie hat streng nach hinten gekämmtes Haar, trägt eine Brille. Daß sie jung ist, kann ich an den weißen Kniestrümpfen erkennen.

Sie stellt sich vor unsere Klasse und sagt: »Ich heiße Fräulein Werner und bin jetzt eure Lehrerin.«

Mit flotten Schritten geht sie vor uns her in den Klassenraum.

Als wir alle sitzen, müssen wir die Bleistifte hochhalten. Sie geht durch die Reihen und prüft, ob sie alle gut gespitzt sind. Danach sollen wir das Schreibheft aufschlagen und das Wort »Heimatkunde« schreiben. Manche Kinder haben nur einen kleinen grauen Block mit grauem Papier; denn Schreibhefte gibt es nur wenige im Schreibwarengeschäft, und außerdem sind sie teuer.

Fräulein Werner nimmt den Zeigestock hinter der Tafel hervor und stützt sich darauf. Der Stock biegt sich unter ihrem Gewicht.

›Gleich wird er brechen‹, denke ich.

Sie sieht in die Klasse und geht dann mit dem Stock herum, als wäre er ihr Spazierstock.

»Zunächst wollen wir uns darüber unterhalten, was Heimat ist. Denkt nach und sagt mir, was ihr von eurer Heimat wißt.«

Ein paar Gößnitzer Kinder melden sich und sagen, daß ihre Heimat hier in Gößnitz sei.

Jetzt meldet sich Rotraud. »Meine Heimat war in Ostpreußen, wir mußten nach dem Krieg vor den Russen flüchten, und seitdem haben wir keine Heimat mehr.«

20

Nach Rotraud melden sich nun auch die anderen Flüchtlingskinder. Sie erzählen von ihrer Heimatstadt oder von ihrem Dorf, weit weg von hier, erzählen, daß Polen, Russen oder Tschechen sie vertrieben haben.

Als Willi mit den dicken Brillengläsern sagt: »Ich möchte wieder zurück in meine Heimat, da war alles viel schöner«, klopft Fräulein Werner mit dem Stock laut auf.

»So, jetzt reicht's aber, ihr könnt doch nicht immer eurem Dorf und eurer Stadt im Osten nachtrauern; ihr müßt hier einen neuen Anfang machen.«

Fräulein Werner steht vorn, während sie das alles in die Klasse hineinsagt.

»Nun paß mal auf«, fährt sie fort, »wenn du nach der Schule Hunger hast, wo gehst du dann hin?« Sie zeigt auf Rotraud.

»Nach Hause«, sagt diese, ohne lange zu zögern.

»Siehst du, du sagst es selbst, du gehst nach Hause, und das ist hier in Gößnitz, wo deine Mutter ist. Und wenn du müde bist, wohin gehst du dann?« wieder zeigt sie auf Rotraud.

»Nach Hause«, sagt diese wieder.

»Na siehst du, und keiner würde so etwas Dummes machen und zum Essen oder Schlafen zurück nach Ostpreußen gehen.«

Ein paar Kinder lachen. Ich nicht, und Willi guckt böse nach vorn.

»Also, ich glaube, es ist nun klar, wo eure Heimat ist. Sag es noch einmal laut, du da!«

Sie zeigt wirklich auf mich, mit dem Zeigestock, weil ihre Hand nicht bis zu mir reicht. Ich weiß, wo meine Heimat ist, aus der ich im Sommer vertrieben wurde: im Dorf Oberprausnitz, dort ist mein Haus, mein richtiges Bett, mein Garten, meine Speisekammer, mein Hof.

»Weißt du es nicht?«

Ich sage lieber nichts und schüttle den Kopf. Sie nimmt jemand anderes dran. Dann reden sie über Gößnitz und was wir alles lernen sollen.

Ich glaube, sie denkt, ich bin dumm.

Dafür merkt sie in der Rechenstunde, daß ich nicht dumm bin. Den Christian holt sie nach vorn an die Tafel, er soll eine Aufgabe rechnen, und er kann es nicht. Er hat schon einen roten Kopf, weil es immer wieder falsch wird.

»Wer zeigt es ihm einmal?« fragt Fräulein Werner.

Ich melde mich, nicht, weil ich besser sein will als Christian, sondern daß sie sieht, daß ich vorhin absichtlich nichts gesagt habe.

Ich mache die Aufgabe an der Tafel richtig, aber als ich mich auf meinen Platz setzen will, zischt mir Christian zu: »Blöde Kuh!«

Zu Hause gibt es Graupensuppe, wie gestern und vorgestern. Großmutter macht sie mal mit Gemüse, mal ohne, trotzdem schmeckt sie immer gleich. Unsere Fleisch- und Fettmarken für diesen Monat sind verbraucht, groß waren die Rationen ja sowieso nicht.

»Ich hab noch meine Rauchermarken«, sagt Großmutter, »vielleicht tauscht sie die arme Wilma wieder gegen ihre Buttermarken ein, wie im letzten Monat.«

»Besser wär's, sie kaufte selbst die Butter und gäbe sie dem Kleinen, der sieht schrecklich schlecht aus«, antwortet Mutter etwas ärgerlich.

Großmutter kratzt den festgepappten Graupensatz vom Topfboden ab und sagt: »Wenn sie von uns keine Rauchermarken kriegt, geht sie woanders hin. Die Wilma ist zigarettensüchtig.«

Seitdem Wilmas Berliner Wohnung im Krieg zerbombt worden ist, wohnt sie neben uns im Nachbarhaus, in zwei Kellerräumen mit ihrem »Sohni«. Wilma hat erzählt, daß sie ihre Straße nach dem Bombenangriff in Berlin nicht wiedererkannt hat, alle Häuser lagen in Schutt und Asche. Sie konnte nur ihren kleinen Sohni nehmen, zum Bahnhof rennen und sehen, daß sie aus Berlin herauskam. Bis Gößnitz ist sie mit dem Zug gefahren, und hier will sie bleiben, bis Sohni schon etwas laufen kann. Dann will sie zurück nach Berlin und als Trümmerfrau Steine klopfen, damit die Häuser wieder aufgebaut werden können. Aber das wird noch eine Weile dauern, denn Sohni ist noch nicht mal ein Jahr alt. Und Mutter sagt, wenn Wilma ihre Lebensmittelmarken weiterhin gegen Rauchermarken eintauscht, wird Sohni nie das Laufen lernen.

Wilma ist nett zu mir, sie läßt mich in ihre Wohnung rein zum Radiohören.

»Wenn du rübergehst, komm ich mit«, sage ich zu Großmutter.

Inzwischen hat Mutter einen anderen Entschluß gefaßt. »Ich versuche es einmal auf dem Land«, sagt sie. »Gleich heute mittag gehe ich los. Vielleicht kann ich auf einem der Dörfer Arbeit finden und dafür Lebensmittel bekommen.« Sie sieht mich an. »Wenn du willst, kannst du mitkommen«, sagt sie zu mir.

Natürlich will ich, vielleicht fällt für mich etwas ab, etwas zum Anziehn oder ein Spielzeug oder ein Glas Milch. Schon manchesmal waren die Bauern sehr nett zu Mutter. Und weil ich so dünn bin, hatten sie auch mit mir Mitleid und sagten: »Das Mädel ist ja unterernährt.«

Mutter hängt den Rucksack um, und wir gehen los. Wir beschließen, es zuerst in dem Dorf hinterm Wald zu versuchen, dort, wo Christian aus meiner Klasse wohnt. Der Weg zum Wald liegt in der Sonne, es geht bergauf, und ich komme ins Schwitzen. Im Wald ist es kühler, jetzt erzähle ich Mutter auch von Fräulein Werner, von der Heimatkunde und der Rechenstunde.

Mutter hört zu und sagt gedankenverloren: »Schade um Fräulein Liebig, es trifft immer wieder die Falschen.«

Hinterm Wald breitet sich das Tal vor uns aus, ein Kirchturm taucht auf, ein paar dunkle Dächer davor, dann wieder ein paar Dächer zwischen sanften Hügeln im Unterland.

»Wie weit willst du gehen?« frage ich Mutter.

»Wir versuchen es gleich auf dem ersten Hof. Hoffentlich werden wir nicht fortgejagt.«

Ob Mutter Angst hat? Sie hält meine schwitzende Hand fest und guckt beim Reden immer geradeaus.

»Wenn sie nur keine Hunde haben«, sage ich.

Wir nähern uns dem Dorf. Gleich zu Beginn steht ein kleiner Hof an der sandigen Dorfstraße. Ich sehe Hühner auf dem Misthaufen herumlaufen, ein gutes Vorzeichen für mich.

»Da gibt es Eier«, sage ich, um Mutter Mut zu machen.

Ein Hund schlägt an. Ich klammere mich fest an Mutter. Aber der Hund liegt an der Kette, wir gehen nah an der Hausmauer entlang, da kann er uns nicht erreichen. Am Stallfenster sehe ich einen Jungenkopf, doch der verschwindet gleich wieder.

Mutter klopft an die Tür, niemand kommt. Wir sehen durchs Fenster in die Küche. Drinnen hantiert eine alte Frau, sie sieht uns nicht. Auch als Mutter an die Scheibe klopft, reagiert sie nicht.

»Vielleicht ist sie schwerhörig«, sage ich.

»Wir gehn mal rein«, sagt Mutter.

Sie öffnet die Tür. Von der kühlen Diele aus sehen wir die Küchentür, sie ist nur angelehnt. Mutter öffnet sie, die Frau schrickt auf, aber wie sie uns ansieht, wird sie freundlich.

»Guten Tag«, grüßt Mutter. »Ich suche Arbeit, weil ich für meine drei Kinder, meine alte Mutter und meinen Mann kaum etwas zu essen habe.«

Die Frau sagt: »Warten Sie mal«, geht in die Diele und ruft: »Herta?«

Ein lautes »Ja« kommt von oben, dann kommt die Bäuerin Herta die Treppe herunter. Mutter und ich schauen ihr entgegen.

Dann sagt Mutter: »Bitte, schicken Sie uns nicht gleich weg. Ich suche Arbeit. Vielleicht könnte ich dafür etwas zu essen für meine Familie bekommen.«

Mutter hat jetzt keine Angst mehr, sie hat meine Hand losgelassen, und Herta guckt freundlich, genauso wie die alte Frau.

»Ja, wenn Sie hier helfen wollen«, sagt Herta, »ich mache den Hof mit meiner Mutter und dem Jungen ganz allein. Mein Mann ist noch in amerikanischer Kriegsgefangenschaft. Wir warten täglich auf seine Rückkehr.« Und während sie mit uns hinausgeht, sagt sie: »Im Garten muß das Unkraut aus den Beeten, da können Sie morgen gleich anfangen.«

Sie zeigt uns den Garten. Aus der Stalltür heraus guckt wieder ein Gesicht – als ich mich aber zu ihm hindrehe, versteckt es sich.

»Christian!« ruft Herta, »schaff den Karren hinter die Scheune!«

Das ist der Christian aus meiner Klasse, ich seh ihn jetzt genau. Er fährt einen Schubkarren über den Hof und guckt extra weg.

»Der geht in meine Klasse«, sag ich zur Bäuerin.

»Ja?« sagt sie überrascht. »Ihr habt ja jetzt die neue Lehrerin. Christian mag sie nicht.«

Herta sieht Christian nach, wie er hinter der Scheune verschwindet.

»Christian war heut an der Tafel und konnte die Rechenaufgaben nicht«, sage ich.

Mutter guckt mich entsetzt an. »Liese«, sagt sie, »sag das nicht. Christian ist bestimmt ein guter Schüler.«

Aber das wußte ich nun wirklich besser als Mutter, und darum sage ich: »Nein, bei Fräulein Liebig konnte er auch nicht rechnen.«

Herta wird ernst. »Da ist der Garten, Sie können morgen früh um sechs anfangen.«

Wir gehen vom Hof. Auf der Straße erwartet mich ein Donnerwetter.

»Wie konntest du denn sowas von deinem Klassenkameraden sagen! Wir sind doch auf den guten Willen der Frau angewiesen. Ich hatte schon Angst, daß sie mir jetzt keine Arbeit mehr gibt. Und nach Eiern konnte ich natürlich schon gar nicht mehr fragen, du hast ja gesehen, wie verärgert sie war.«

Mir war das ja vorhin nur so herausgerutscht, und ich weiß jetzt gar nicht, wie ich das Mutter erklären soll. Ich bin lieber ruhig, damit sie nicht weiterschimpft. Aber Christian hätte auch nicht so blöd weggucken müssen, so, als würde er mich gar nicht kennen.

Als wir den nächsten Hof erreichen, scheint Mutters Ärger verflogen zu sein.

»Komm, wir fragen, ob sie was für uns haben«, sagt sie.

Wir bekommen von der Bauersfrau zwei Hände voll kleiner Frühkartoffeln und drei Eier geschenkt. Die Frau ist gut zu uns, bringt uns ein Glas Buttermilch. Ich trinke es zusammen mit Mutter leer.

Die Frau sagt, wir könnten mal wieder kommen, sie hat nicht viel, aber wir täten ihr leid, weil wir noch weniger als sie hätten. In den nächsten Hof sollten wir jedoch besser nicht gehen, der Bauer dort habe scharfe Hunde und jage alle Fremden davon.

Wir lassen das dann auch lieber.

Brauner hieß die nette Frau.

Fröhlich hüpfe ich jetzt neben Mutter her. »Etwas haben wir schon«, sage ich.

Zielstrebig geht Mutter zu dem Hof, der weiter hinten an der Straße liegt. Wieder bellen Hunde. Wir sehen uns um, können sie nirgends entdecken. Im Stall steht ein hellbraunes Pferd. Eine kleine weiße Katze sonnt sich vor der Tür. Doch die Tür ist abgeschlossen, sicher sind die Bauern auf dem Feld. Ich möchte die Katze gern streicheln, aber Mutter will das nicht.

»Komm schnell. Wenn wir uns zu lange auf dem Hof aufhalten, denken die Leute noch, wir wollen etwas stehlen.«

Am Abend, als wir wieder auf dem Feldweg zum Wald hochgehen, tun mir die Beine weh. Die Sonne steht schon tief, und in ihrem rötlichen Schein leuchten die blauen Glockenblumen am Wegrand ganz wunderschön. Auf dem Hinweg waren sie mir gar nicht aufgefallen. Ich pflücke noch schnell einen kleinen Strauß, während Mutter langsam weitergeht. Sie ist auch müde, glaube ich. Mutters Rucksack ist leicht ausgebeult. Da ist unsere Ausbeute drin. Noch ein paar Kartoffeln kamen dazu, ein Einmachglas voll Quark, ein Säckchen voll Schrot.

Mutter hat vorhin gesagt, sie wundere sich, daß die Bauern immer noch etwas hergäben. Wir sind ja nicht die einzigen, die von Hof zu Hof gehen.

Im Wald kommt uns eine Gruppe von Frauen und Männern entgegen. Sie tragen auch Rucksäcke auf dem Rücken.

»Rede jetzt nicht«, warnt mich Mutter leise.

Ich hätte sowieso nichts gesagt. Mißtrauisch sehen die Leute uns an, als sie an uns vorbeigehen.

»n' Abend! Geben die Bauern hier freiwillig was raus?« fragt eine Frau.

»Sie haben selbst nicht viel«, sagt Mutter. Sie hält meine Hand fest, ihr Schritt wird schneller.

»Was wollen die?« frage ich, als wir weiter weg sind.

»Ich fürchte, die sind auf einer merkwürdigen Hamstertour«, antwortet Mutter. »Wenn es darauf ankommt, stehlen die auch. Nein, wirklich, damit wollen wir nichts zu tun haben. Lieber geh ich mit euch betteln, als daß ich stehlen würde.«

Ich bleibe stehen und gucke ihnen nach, wie sie auf »Hamstertour« gehen und langsam im Wald verschwinden.

Von Vater weiß ich, daß viele Menschen, die in den Städten wohnen, jetzt hamstern müssen; sie hungern und fahren am Wochenende mit dem Zug in die Dörfer. Dort betteln sie bei den Bauern um Eßwaren, so wie wir es getan haben, oder sie tauschen Wertsachen gegen Essen ein. Aber die Leute, die wir getroffen haben, gingen im Dunkeln los, sie werden wohl stehlen. Ob sie auch von Christians Hof was wegnehmen und bei der netten Frau Brauner mit der Buttermilch?

Als hätte Mutter meine Gedanken erraten, sagt sie: »Der Kettenhund auf Christians Hof wird sie verjagen.«

Zu Hause halte ich Großmutter den Glockenblumenstrauß hin: »Für dich!« sage ich.

»Je, sind die schön, die Glockenblumen, wie in der Heimat«, ruft sie aus, »jetzt werden sie auch zu Haus auf unseren Wiesen blühen. Das war immer eine schöne Zeit!«

Sie stellt den Strauß in ein Glas und faßt die Glöckchen vorsichtig an. Ich sehe, wie sie sich freut. Für Großmutter wird die Gößnitzer Gegend wohl nie die Heimat werden, da kann Fräulein Werner erzählen, was sie will.

Spätsommer 1946
Körner sammeln für Mehl zu einem Kuchen und auf der Hut
sein, um nicht zum Dieb zu werden

Wenn Mutter einen Schritt macht, mache ich zwei. Barfuß in unseren Holzsandalen laufen wir beide den staubigen Feldweg entlang. Feiner grauer Staub kriecht die Beine hoch und juckt, weil ich schwitze. Es ist schon so schwül, obwohl es noch Vormittag ist. Hoffentlich gibt es heute kein Gewitter.

Wir laufen jetzt über ein ganz von glitschigem Moos überwuchertes Holzbrett, das über einem Wassergraben liegt.

»Wart mal«, sagt Mutter und hält mich zurück.

Sie zieht ihr weißes Stofftaschentuch aus der Rocktasche, bückt sich und taucht es in das Wasserrinnsal. Dann wringt sie es aus und legt es mir wie eine Mütze auf die Haare.

»Ah, schön kühl«, sage ich.

Mutter wischt sich auch ein paarmal über die Stirn, dann gehen wir weiter. Durch meine feuchte Mütze spüre ich für eine Weile die stechende Sonne nicht mehr so arg.

Heute hab ich Mutter für mich allein, den ganzen Tag, ich gehe gern neben ihr her, ohne meinen Bruder und ohne meine Schwester.

Dann redet sie nur mit mir, dann bin ich ihr Kumpel. Heute bin ich ihr Ährenlesekumpel. Ein paar Felder sollen heute freiwerden, weil die Bauern das trockene Korn noch vor dem drohenden Gewitter einbringen wollen. Letzte Woche war Mutter fast täglich allein zum Ährenlesen gegangen, aber weil ich jetzt Ferien habe, darf ich mit.

»Wie weit müssen wir noch laufen?« frage ich nach einer Weile.

»Bis über den Berg, nach Köthel zu, dort hinten sollen viele Kornfelder sein, und heute wird das Korn eingefahren.«

Mutter bleibt stehen: »Aber Liese, willst du nicht doch lieber zurückgehen? Es ist so schwül und gewittrig, und weit ist es auch.«

Auf jeden Fall will ich mit ihr gehen, und ich sage schnell: »Ohne mich würdest du bestimmt nur die Hälfte zusammenbringen.«

Da am Wassergraben wäre ich schon gern ein Weilchen mit Mutter sitzengeblieben, aber wir müssen ja weiter, haben ja was vor, da unten im Tal.

Vielleicht ist sogar ein Weizenfeld dabei, dann könnten wir die Körner in der Mühle gegen weißes Kuchenmehl eintauschen, und vielleicht bäckt dann Großmutter einen Streuselkuchen. Die Vorstellung von Kuchen läßt mich schneller gehen, das Wasser läuft mir im Mund zusammen, weil ich die Streusel auf der Zunge spüre.

Wir ziehen eine Staubwolke hinter uns her, der Weg führt mitten durch Rübenfelder einen Hügel hinauf und scheint da vorn in den Himmel hineinzulaufen. An der höchsten Stelle angekommen, bleiben wir stehen und blicken in das vor uns liegende Tal. Weit ist es, und strohgelb flimmern die Felder unter dem Himmel in der Hitze. Dort hinten ist alles in Bewegung. Bauern und ihre Helfer laden Garben auf die Pferdewagen. Rings um das Feld herum sitzen die Menschen. Viele, viele hocken da, warten darauf, daß der Bauer es freigibt. Dann werden sich alle über die Ähren hermachen, die zwischen den stechenden Stoppeln liegengeblieben sind, und in ihre Taschen stopfen, so viel sie können.

Mutter und ich werden auch dabei sein. Bergab geht es leichter, wir sind bald angelangt. Jetzt sehen wir's genau, es ist ein Weizenfeld! Der Streuselkuchen ist schon ein Stück näher gerückt.

Die Leute, die schon lange hier warten, sehen uns nicht gerade freundlich an, jede Tasche mehr bedeutet weniger Körner für alle. *Competition for food*

Wir bleiben erst mal stehen und suchen uns einen Platz zum Hinsetzen.

Mutter schaut sich um. »Vielleicht ist jemand da, den wir kennen«, sagt sie.

»Eh, Liese, kommt hierher«, ruft plötzlich eine Stimme von weiter weg. Unter dem Heckenrosenstrauch dort drüben winkt jemand zu uns herüber. Ein Mädchen ist es, jetzt erkenne ich sie: es ist Waltraud aus meiner Klasse, die immer nach Knoblauch riecht. In ihrer Familie kauen alle die Knoblauchzehen roh. Im Osten, von wo sie vertrieben wurden, glaubt man, daß man dann gesund bleibt und lange lebt. Waltrauds Familie wohnt nicht weit von uns in einer alten Villa.

Waltraud sitzt mit ihren Schwestern zusammen, und ihre Großmutter steht auf und kommt auf Mutter zu.

»Heut ist viel los«, sagt sie, »sie wollen den Weizen noch vor dem Gewitter reinholen.«

Ich bin froh, daß ich mich neben Waltraud auf einen kleinen Grasfleck setzen kann, gerade so, daß die Blätter eines dünnen Heckenrosenzweiges Schatten auf meine Augen werfen.

Mutter bleibt bei Waltrauds Großmutter stehen, sie setzt sich gar nicht erst hin. Es muß gleich losgehen. Ein Pferdewagen wird noch beladen, er ist gleich voll. Jetzt kommt die letzte Reihe »Puppen« dran. Unruhe geht durch die Leute am Feldrand. Sie sehen zum Bauern hin, warten auf sein Zeichen, warten, daß er die Hand hochhebt und das Feld freigibt. Sie sind aufgestanden, stellen sich nah an den Feldrand, drängen sich vor.

»Wir rennen ganz nach vorn, da kriegen wir die meisten Ähren«, sage ich zu Waltraud.

Ein Pfiff vom Pferdewagen. Es geht los. Ich versuche, mit meiner Tasche nach vorn zu kommen, Waltraud hat es schon geschafft, aber mich drängen die Frauen nach hinten. Dicht an dicht gehen sie mit gebeugtem Rücken und ständig suchenden Händen im Feld schrittweise weiter. Ich lese das auf, was sie nicht sehen, ich versuche, den Leuten die Ähren wegzuschnappen, bevor sie zugreifen können.

Keiner redet, schweigend rafft jeder auf, soviel er greifen kann. Die Ähren fassen sich voll an, die Grannen stechen manchmal in meine Hand. Ich achte nicht darauf, sammle weiter. Der Taschenboden ist schon bedeckt. Am anderen Ende des Feldes werde ich nach Mutter suchen und sicherlich auch Waltraud wiederfinden. Jetzt heißt es sammeln, sammeln. Die Strohstoppeln stechen durch die Sandalen in meine nackten Füße. Hätte ich doch Socken angezogen! Aber ich darf nicht stehenbleiben, darf mich überhaupt nicht aufrichten, muß gebückt bleiben, damit mir keine Ähre entgeht. Die Frauen neben mir sind schnell, so, als hätten sie ihr Leben lang Ährenlesen geübt. Immer weiter gehe ich mit ihnen über das Feld. Fast wäre ich gefallen, hab nicht gesehen, daß wir schon am Feldende angelangt sind. Ich richte mich endlich auf und sehe meine Ausbeute an. Die Tasche ist nicht mal viertelvoll, aber mit Mutter zusammen wird es schon eine Menge geben.

Auf dem Feld sind immer noch ein paar Leute, sie gehen jetzt kreuz und quer, finden hier noch eine Ähre und da.

Gleich wird das Feld wie leergefegt sein. Keine Ähre wird mehr zu finden sein, höchstens ein paar herausgefallene Körner bleiben zurück für die Mäuse.

Ich sehe mich nach Mutter um. Auch sie läuft noch über das Feld. Ich renne zu ihr und zeige ihr meine Tasche.

»Schön«, sagt sie, mehr nicht.

Sie hätte mich ruhig etwas loben können, denn sie hat auch nicht mehr Ähren als ich. Sie hat sich die Tasche wie eine Schürze um den Bauch gebunden, damit sie beide Arme zum Sammeln frei hat.

»Mir ist ganz elend«, sagt sie auf einmal und hält sich an mir fest, »das Bücken und die Hitze«, fügt sie leise hinzu.

Wir gehen zusammen an den Feldrand, sie setzt sich. Schweißperlen stehen ihr auf der Stirn, ich bleibe vor ihr stehen.

»Soll ich zum Graben zurücklaufen und das Taschentuch naßmachen?« frage ich sie.

»Das ist zu weit«, sagt Mutter, »und sie geben das Feld da drüben auch schon gleich frei.«

Ich sehe zum anderen Feld hinüber. Sie haben gerade erst angefangen aufzuladen.

»Bis die fertig sind, bin ich längst wieder zurück«, antworte ich.

Mutter hält mich fest. »Bleib«, sagt sie, »setz dich hin.«

Wir hocken schweigend nebeneinander. Die anderen Leute haben sich auch wieder an die Wegränder gesetzt, einige gehen weiter. Waltraud ist irgendwo in der Menge verschwunden. Eine Frau neben Mutter fragt, ob es ihr wieder besser geht. Sie erzählt, daß ihr neulich auch ganz schwarz vor den Augen wurde, und sie reden über Kreuz- und Bauchschmerzen.

Mir wird auch auf einmal übel, im Kopf sticht es; die Sonne brennt erbarmungslos auf uns herab. Mein Magen ist leer und knurrt.

»Ich gehe zurück und hole uns etwas zum Essen«, sage ich.

»Wo willst du denn etwas herbekommen?« antwortet Mutter matt.

»Ich frage einmal bei Brauners; wenn sie etwas für uns haben, bring' ich es gleich hierher.«

Es sieht so aus, als ob Mutter nichts mehr dagegen hat, darum stehe ich gleich auf.

»Beeil dich und verlauf dich nicht«, ruft Mutter mir nach.

Ich beeile mich sehr, gehe den Hügel wieder hinauf, dann hinunter durch die Rübenfelder, am Wassergraben tauche ich schnell mal die Hände ins Wasser. Dann weiter, jetzt sehe ich schon die ersten Häuser des Dorfes, laufe, laufe, werde immer schneller. Jetzt muß Brauners Hof kommen. Dort wohnt die freundliche Frau, die uns manchmal Milch und Kartoffeln gibt, seitdem wir auf unserer ersten Hamstertour bei ihr waren. Ich werde ihr sagen, daß es Mutter auf dem Feld schlecht geworden ist. Und vielleicht, vielleicht bekomme ich ein Stück Brot.

Es ist Mittag.

Auf dem Hof ist niemand zu sehen. Kein Pferdewagen ist da. Über dem großen Misthaufen surren dicke blaue Fliegen. Sonst höre ich nichts. Ich gehe zur Dielentür, drücke die Klinke. Abgeschlossen.

Mich durchfährt ein Schreck: Sie ist auch auf dem Feld, die Frau Brauner, sogar die Miene, ihre alte Tante, ist dabei, und Männer gibt es ja auch hier keine auf dem Hof. Ja, natürlich, auch sie holen ihr Korn vor dem Gewitter herein. Niemand ist zu Haus, der mir was geben könnte.

Mir ist zum Heulen zumute, ich kann ja nicht bis in die Stadt zurücklaufen, dann käme ich viel zu spät zu Mutter zurück. Die anderen hätten auf dem nächsten Feld schon die Ähren aufgesammelt, und wir bekämen nicht genug Körner für den Streuselkuchen zusammen.

Das leere Gefühl im Magen breitet sich aus, geht in meinen ganzen Körper, ich kann gar nicht mehr weitergehen, setze mich auf die Steinstufen im Schatten. ›Ich muß Mutter etwas zum Essen bringen‹, ist mein einziger Gedanke.

Plötzlich habe ich eine Idee. Ich kenne mich ja in Brauners Obstgarten aus, da sind jetzt die Augustäpfel reif. Ich laufe schon hin, noch ehe ich zu Ende gedacht habe, klettere über den Holzzaun, renne zum Baum hinüber, pflücke so viele grüne Äpfel, wie ich in den Händen halten kann, und laufe wieder zurück.

Erst auf dem Weg durch die Rübenfelder kommt mir der Gedanke: ›Ich hab ja gestohlen!‹

Das darf Mutter nie erfahren. Sie will nicht, daß wir das Gefühl für Ehrlichkeit verlieren. Sie würde keinen Apfel anrühren, wenn sie wüßte, daß ich sie mir einfach genommen habe. Ich werde ihr sagen, daß die alte Miene mir die Äpfel geschenkt hat. Hauptsache, daß Mutter sie ißt und es ihr wieder besser geht.

Endlich habe ich das Tal wieder erreicht. Ich finde Mutter nicht gleich. Jetzt sehe ich, daß sie am Wegrand liegt, auf der Seite, die Beine angezogen. Andere Leute liegen auch in der Mittagshitze, ihre Tücher weit ins Gesicht gezogen. Das beruhigt mich. Was sollen sie jetzt auch machen, sie müssen ja warten, bis das Feld freigegeben wird.

»Hallo, hier bin ich«, sage ich.

Mutter setzt sich auf, und wir teilen uns die Äpfel. Ohne zu reden, beißen und kauen wir die säuerlichen Früchte.

Erst als Mutter fertig ist, fragt sie: »Woher hast du sie denn?«

»Von Tante Miene«, sage ich.

»Da hat sie dir sicherlich auch noch etwas anderes zu essen gegeben. Für dich kleines Fliegengewicht hat sie ja immer was«, fügt sie mit einem sorgenvollen Blick auf mich hinzu.

Wenn ich jetzt nein sage, ist Mutter enttäuscht, und sie sieht noch immer so blaß aus.

Ich höre mich sagen: »Sie hat mich in die Küche hereingeholt und mir ein Butterbrot und ein Glas Milch hingestellt.«

Im gleichen Augenblick frage ich mich, warum ich schon wieder gelogen habe, aber es ist schon heraus.

»Gut«, sagt Mutter und ihr Gesicht wird fröhlicher, »auf dem Rückweg werde ich mich bei Brauners bedanken.«

Ich bekomme Angst. Wenn bloß Mutter auf dem Heimweg nicht mehr daran denkt!

Jetzt dauert es nicht mehr lange, und auch dieses Weizenfeld wird freigegeben! Wieder laufen wir, laufen, mit den Händen zwischen den Stoppeln suchend, gebückt über das Feld, inmitten der vielen Leute.

Und noch ein weiteres abgeerntetes Feld wird uns an diesem Tag überlassen.

Doch jetzt grollt über uns der Donner in den Wolken, die sich von Süden her zusammendrängen.

»Wenn es nur noch trocken bleibt, bis wir fertig sind«, sagt Mutter.

Mit vollen Taschen treten wir den Heimweg an. Wir gehen schnell, alle gehen schnell, das Gewitter rückt näher.

Mutter wird bestimmt rasch nach Hause wollen und nicht mehr zu Brauners hineingehen, überlege ich. Blitze zucken durch die Luft, als wir an Brauners Hof vorbeigehn.

»Komm schnell«, sagt Mutter, »wir wollen noch vor dem Regen zu Hause sein.« Gott sei Dank.

Ich gehe schnell, mit aller Anstrengung, denn mehr als die drei Äpfel und eine Tasse Malzkaffee am Morgen habe ich ja heute nicht im Magen. Hoffentlich hat Großmutter zu Hause eine Graupensuppe gekocht, mit wenig Graupen und viel Brühe gegen den Durst.

Als wir den Pfarrberg hochgehen, fallen die ersten Tropfen.

Drinnen, im Zimmer, in dem der Graupensuppentopf auf einer kleinen Elektroplatte steht, erzählt Mutter, wie ihr schlecht geworden sei und wie ich ihr geholfen habe. Sie erzählt von den Äpfeln, und wie nett die Miene zu mir war, und daß sie sich bei ihr bedanken werde.

Wieder kriege ich Angst. Ich muß Mutter sagen, wie es wirklich war.

Da geht Mutter in den Flur und läßt Wasser in den Kübel laufen. Ich gehe ihr nach. Draußen stelle ich mich neben sie.

»Bleib mal hier stehen, Mutter, ich muß dir etwas sagen.« Ich halte den Kübel fest, damit sie nicht weggehen kann. »Die Miene war nicht zuhause, und die Äpfel habe ich selbst aus dem Garten geholt«, sage ich.

Mutter sieht mich an: »Das ist nicht gut«, sagt sie nur. Sie nimmt den Kübel, trägt ihn hinein, redet gar nicht mehr mit mir, kein Wort.

›Wenn Flüchtlinge die Einheimischen bestehlen, dann werden sie uns nicht mehr helfen. Wir müssen ganz ehrlich sein, sonst gibt es Feindschaft zwischen Flüchtlingen und Gößnitzern, und in Feindschaft kann man nicht leben‹, so ähnlich hat Mutter oft zu uns Kindern gesprochen. Ich höre die Worte in meinen Ohren dröhnen.

Mutter ist doch heute mein Kumpel gewesen, warum läßt sie mich jetzt im Stich?

Ich stelle mich ans Fenster und fange an zu heulen; draußen gießt es in Strömen, und der Donner kracht über unserem Haus.

»Hör auf zu heulen«, sagt Mutter, »und merke dir, aus sechs Äpfeln können schnell zehn werden.«

Aber die Tränen laufen weiter, ich höre nicht auf, ich

brauche einen Trost von ihr, weil ich es ja so gut mit ihr gemeint habe. Da gibt sie mir die Hand, endlich.

Abends, als ich im Bett liege, höre ich noch immer den fernen Donner, sehe das Wetterleuchten. Obwohl ich todmüde bin, kann ich nicht einschlafen. Christl im Bett neben mir ist auch noch wach. Ich darf sie nicht stören, sie liest gerade in einem ausgeliehenen Heft über die Liebe vornehmer Damen – in ihrem Roman heißen sie Comtessen, und Grafensöhne bewerben sich um ihre Hand. Ich würde die Comtessenhefte auch gerne lesen, aber jetzt möchte ich mit Christl reden.

»Hast du schon mal gelogen?« frage ich sie.

»Laß mich in Ruh«, sagt sie mürrisch.

»Ich weiß es genau, du hast sogar schon mal gestohlen«, bohre ich weiter, obwohl ich mich eigentlich nicht daran erinnern kann. Ich sage es nur so, um sie zum Reden zu bringen. Es klappt, sie entrüstet sich und sagt, daß sie nie stehlen würde und bei Brauners schon gar nicht, weil Elly Brauner ihre Freundin ist.

Christl versinkt wieder in ihr Comtessenheft.

»Ob Mutter nie, nie gelogen hat?« denke ich laut. Keine Antwort von Christl. »Ob Mutter niemals was geklaut hat?«

»Natürlich nie«, kommt es aus dem anderen Bett.

›Das schaffe ich nie‹, denke ich jetzt, ›aber zehn Äpfel hätte ich bestimmt nicht genommen, so viele nicht.‹

In meiner Klasse stehlen fast alle Kinder Sachen, die sie in den Pausen und nach der Schule verkaufen. Otto hatte vor den Sommerferien sogar einmal eine Schachtel mit Bleistiften und verkaufte sie für fünf Pfennig das Stück. Im Geschäft sind sie viel teurer, wenn es überhaupt mal welche gibt. Ist doch klar, daß Otto sie geklaut hat.

»Ich hab sie mir angeschafft«, hatte er gesagt.

Und wer in der Klasse etwas zu verkaufen hat, wird bewundert, wird belagert und ist beliebt, wie die Elsa, als sie Wollrestknäuelchen hatte und kleine weiße Spitzendeckchen. Ich möchte auch mal was verkaufen, aber ich habe nichts, was mir jemand abkaufen könnte. Höchstens ein paar Knöpfe.

Ich beuge mich unter mein Bett. Das Päckchen mit den Knöpfen liegt darunter. Es sind schon eine Menge schwarzer Knöpfe drin, mit vier Löchern, aber auch ein paar weiße und ein roter. Den roten Knopf finde ich besonders schön. Auf dem Platz hinter der Knopffabrik habe ich sie gefunden, dort, wo sie die zerbrochenen Knöpfe und den Fabrikabfall hinwerfen. Wenn man lange zwischen den zerbrochenen Knöpfen sucht, findet man schon mal einen ganzen.

Ich hole den roten Knopf aus dem Knopfpäckchen heraus und lege ihn neben mich aufs Kopfkissen. Sein Rand ist hochgezogen, und er hat zwei Löcher. Auf einer Strickjacke würde er toll aussehen.

Ich stelle mir vor, daß ganz viele davon auf meiner Schulbank lägen und alle Mädchen stünden um mich herum und fragten, was sie kosten.

Herbst 1946
Und doch zum Dieb werden

Mein Herz schlägt bis zum Hals.

Ich hocke mit den anderen in einer Wiesenmulde, ducke mich tief, drücke mich an die taufeuchte Wiese.

Er darf uns nicht finden, der Mann, von dem wir nur die böse Stimme gehört haben und der uns die Steine in den Rücken geworfen hat. Er war hinter uns her, schrie: »Ihr verdammtes Gesindel, ich zahl's euch heim, ihr verfluchtes Diebsgesindel!«

Und dann warf er Steine nach uns, Waltraud hat er am Kopf getroffen. Sie rannte als letzte hinter uns her, weil sie noch vom Apfelbaum herunterspringen mußte. Wir liefen so schnell wir konnten, kletterten durch das Loch im Zaun, durch Buschwerk hindurch und dann in die Wiesenmulde.

Hier liegen wir flach auf dem Boden. Noch immer warten wir, lauschen gespannt, ob der Verfolger zu hören ist.

»Ich blute«, wimmert Waltraud leise.

»Still jetzt«, sagt Otto, der das Ganze angezettelt hat. Hundegebell.

»Pack elendiges!« hören wir den Mann wieder schreien. Aber nicht von nah, er muß uns wohl hinter dem Zaun im Obstgarten vermuten.

Otto rutscht langsam nach vorn und guckt über den Muldenrand.

»Der Alte ist weg, wer traut sich nochmal?«

Niemand antwortet.

»Wer kommt mit?« hatte Otto auch heute früh in der Schule gefragt, »mein Onkel schenkt uns Äpfel, aber erst gegen Abend, wenn es dunkel wird, seine Frau braucht das nämlich nicht zu wissen. Jeder kriegt so viel er tragen kann.«

Klar, daß ich wollte. Wir waren froh über alles Eßbare, das wir ohne Geld und ohne Lebensmittelmarken bekommen konnten. Selbst Mutter hat die Geschichte vom Onkel geglaubt, sie wußte ja nicht, daß Otto groß im »Organisieren« war, und ich wollte mich nicht daran erinnern. Und so durfte ich mit.

Am verabredeten Ort standen schon Waltraud, Otto

und seine Freunde Ede und Fritz. Waltraud hatte mitgedurft, weil ich mitdurfte, sonst hätte es ihre Mutter bestimmt nicht erlaubt. Ihre Großmutter kannte uns ja vom Ährenlesen her.

Ottos Freunde grinsten, als wir kamen. »Die Püppchen können ja gar nicht rennen«, sagten sie.

»Ne, seid mal still, die beiden sind schon ganz gut im Laufen«, antwortete Otto, und damit hatte er auch recht.

Mir kam das Ganze jetzt schon ein bißchen komisch vor. Wenn wir Äpfel geschenkt bekamen, brauchten wir doch nicht zu rennen. Aber ich traute mich nicht, etwas zu sagen.

Wir zogen los, Richtung Pfarrsdorf. Meinen aufsteigenden Verdacht, daß dies eine Klautour werden könnte, behielt ich für mich.

Zuerst liefen wir durch den Wald, später an Christians Hof vorbei, kürzten den langen Weg über die Landstraße ab und sahen bald vor uns ein paar Häuser liegen. Otto führte uns über ein Unkrautfeld nah an ein Haus heran. Da sollte der Onkel wohnen.

Jetzt über einen Gartenzaun und den Hang hinauf.

Otto und seine Freunde hatten auf dem ganzen Weg nichts Rechtes mit uns Mädchen gesprochen, nur: »Hier lang ... leise ... beeilt euch ... kommt schon, ihr Püppchen«, hatten sie gesagt.

Sie tuschelten miteinander und grinsten manchmal zu uns nach hinten. Ich wäre am liebsten wieder umgedreht. Aber feige wollte ich auch wieder nicht sein. Und vielleicht ging doch noch alles gut.

Der Obstgarten lag im Tal, und wir konnten ihn vom Hang aus gut überblicken. Keine Menschenseele war zu sehen.

Hinten im Bauernhaus stand ein Fenster zum Obstgarten hin offen.

»Los und ganz leise, Leute«, sagte Otto.

Unter einem Baum, dessen Zweige sich unter der Last der vielen roten Äpfel bogen, machten wir halt.

»Wo ist denn dein Onkel?« wagte ich jetzt zu fragen.

»Sei froh, wenn du ihn nicht zu sehen bekommst«, zischte Otto mich an.

Nun war mir alles klar, aber es gab kein Zurück mehr, ich hätte mich allein auch nicht getraut.

Waltraud mußte in den Baum klettern, Zweige schütteln und Äpfel herunterwerfen. Wir arbeiteten leise und schnell. Erschrocken bemerkte ich, daß ich mich über die Äpfel in meiner Tasche freute. Immer wieder sah ich zum offenen Fenster hin. Jetzt setzte Waltraud den Fuß auf einen anderen Ast, griff mit der Hand daneben, und es krachte. Ein dicker Zweig brach herunter. Da tauchte am Fenster eine Gestalt auf und verschwand wieder.

»Jemand hat uns gesehen«, sagte ich.

»Quatsch«, sagte Ede.

Da hörten wir auch schon die Stimme eines Mannes: »Ihr verdammtes Gesindel!«

Noch immer liegen wir in der Mulde.

»Feiglinge«, zischt Otto uns zu, weil keiner mit ihm gehen will. Er robbt sich vor.

Nach einer Weile kommt er zurück: »Die sind mit Taschenlampen im Garten und warten nur, daß wir wieder zurückkommen. Wir haben genug für heute, kommt, Leute!«

Durch die Dämmerung laufen wir denselben Weg wieder zurück, heimwärts. Im Wäldchen ist es schon sehr dunkel. Otto kommt ganz nah an mich heran und läuft dann ein Stück neben mir.

»Hast du schon mal einen Jungen geküßt?« fragt er plötzlich.

»Ja, meinen Bruder«, sage ich.

»Sowas meine ich nicht, richtig mit Liebe und so.«

»Ne«, sage ich.

Otto trottet neben mir her.

»Du traust dich ja selbst nicht, Otto«, sagt Waltraud und schubst ihn am Arm. Otto packt sie bei den Schultern und hält sie fest.

Waltraud zappelt. Ede und Fritz drehn sich um und feuern Otto an: »Küß sie doch, los, küß sie doch!«

Waltraud zappelt immer wilder.

»Au, paß doch auf, hier hat mich doch der Stein getroffen«, schreit sie plötzlich auf und hält sich den Kopf.

Otto läßt sie los.

»Laß mal sehen«, sagt er und guckt sich die Wunde an. Ich gucke auch, kann aber in der Dunkelheit nicht viel erkennen.

»Sagst du deiner Mutter etwas davon?« frage ich Waltraud leise.

»Ne, lieber nicht«, flüstert sie zurück.

›Warum macht Otto nur solche Sachen?‹ frage ich mich.

Wir verabschieden uns am Platz vor Nielsens Garten.

»Nichts verraten«, sagt Otto.

Die drei Jungen gehen zur Stadt hinunter. Waltraud verschwindet in dem Hauseingang der Villa dort drüben.

Auch ich gehe nach Hause. Im Zimmer stelle ich die Tasche auf den Fußboden, lege einen Apfel neben den anderen auf den Tisch und sage: »Mehr gab's nicht, wir waren zu viele Kinder.«

Das war nicht gelogen.

»Zu einem guten Kompott reicht's schon«, sagt Großmutter zufrieden, »es ist schon dunkel, gut, daß du wieder da bist.«

Vaters Gesicht ist hinter der Zeitung versteckt, Mutter ist mit Wolfgang beschäftigt, Christl schält Kartoffeln.

Wenn keiner fragt, behalte ich diese Klautour lieber für mich.

Dann wasche ich mir erst mal die Hände.

Das war also schon ein Schritt weiter als neulich in Brauners Garten. Aus den sechs Äpfeln von damals sind sogar mehr als zehn geworden. Macht es mir schon nichts mehr aus? Ach, Mutter hatte recht gehabt, daß man den Anfängen wehren muß.

Winter 1946/47
Soviel Wärme mitten im Winter, wenn man einen Freund hat

Walters Gesicht lugt zwischen den Rechenaufgaben hervor, und wenn ich den Kopf hebe, sehe ich zwischen den Schmetterlingen des feuchten Tapetenmusters seine hellen Augen, die gerade Nase, die Haarsträhne, die ihm übers Gesicht fällt. Walters Gesicht kriege ich überhaupt nicht mehr aus den feuchten Schmetterlingen und auch nicht mehr aus meinem Kopf heraus.

Walter ist Wittis Freund, und jetzt ist er auch mein Freund. Er wohnt im Nachbarhaus, und ich mag ihn. Er ist anders als der eingebildete Witti, der nie vergißt, daß seinen Eltern das Haus gehört.

Es poltert an der Tür. Mutter bringt gerade eine Kiste mit Briketts herauf und stellt sie neben den Kanonenofen. Warm ist es nur hier im vorderen Zimmer, drüben sind Eisblumen am Fenster, die auch tagsüber nicht mehr abtauen.

Mutter legt ein Brikett nach und setzt sich zu Großmutter.

In mein kleines Einmaleins klappern die Stricknadeln der beiden hinein, sie verscheuchen das Waltergesicht.

Ich habe wieder eine neue Lehrerin bekommen, sie heißt Fräulein Ziehne, sie hat lange Dauerwellen, so, wie die Frauen auf den Bildern beim Frisör.

Ich stelle mich neben die Brikettkiste und sage zu Mutter: »Wir sollen Fräulein Ziehne Kohlen oder etwas zu essen mitbringen. Darf ich?«

»Hat denn schon mal eins von euch Kindern etwas mitgebracht?« fragt Mutter.

»Ja«, sage ich, »Fräulein Ziehne sagt, Junglehrer kriegen ganz wenig Geld, und sie muß zu Hause ihren Mantel anlassen, wenn sie unsere Hefte nachsieht, weil sie kein Geld für Kohlen hat.«

»Na gut, zwei Briketts«, entscheidet Mutter.

Ich wickele sie in Zeitungspapier und schiebe sie neben meine Hefte in die Tasche. Eigentlich kann ich die Ziehne nicht leiden, sie zieht Uta vor und alle, die ihr schon etwas mitgebracht haben.

»Gott sei Dank, die Jacke für Frau Brauner ist fertig. Ich werde sie dämpfen«, sagt Großmutter in meine Gedanken hinein. Sie steht auf, um das Bügeleisen auf den Ofen zu setzen. Mutter probiert die neue Jacke an. »Wenn du so eine mal für mich stricken könntest, da würden die Rückenschmerzen bald aufhören«, sagt sie.

Ein kleines hellgraues Knäuelchen Wolle ist übriggeblieben. Großmutter hält es hoch und lächelt mich verschmitzt an.

»Für dich«, sagt sie.

Damit wird sie später meinen zweiten Socken fertigstricken, der aus lauter Wollresten besteht. Ganz bunt ist er schon.

Jetzt soll ich mit zu Brauners kommen und einen Schlafanzug von Elly anprobieren. Wenn er mir paßt, bekomme ich ihn geschenkt. Mutter hat Brauners die Apfelgeschichte erzählt. Sie fanden das gar nicht schlimm. Aber

Mutter sagte, das wäre etwas anderes. Auf unsere Einstellung käme es an.

Einen Schlafanzug hätte ich gern. Aber jetzt muß ich wirklich zu Walter, er wartet bestimmt schon drüben im Kaninchenschuppen.

»Ruf mich, wenn du gehst«, sage ich zu Mutter und verschwinde schnell aus dem Zimmer. Draußen im Flur ziehe ich den blauen Stoffmantel an, den ich von Lehnerts, der Bauernfamilie in Löhmingen, geschenkt bekommen habe, und renne die Treppe hinunter.

Vor der Haustüre sehe ich Carla.

Tagelang hat es geschneit. Jetzt liegt der Schnee einen halben Meter hoch.

Carla läuft im Kreis herum, da, wo Witte den Schnee weggeschaufelt hat. Ich muß an ihr vorbei.

Ihre Finger sind krebsrot vor Kälte, aber sie spielt trotzdem mit der Klammer.

»Carla, guck weg«, rufe ich ihr zu.

Nielsens schimpfen, wenn Witte oder ich über den Zaun in Walters Garten klettern, aber Carla kann ja gar nichts sagen. Ich klettere dort rüber, wo schon zwei Latten vom Hin- und Herklettern abgebrochen sind. Da ist es am leichtesten.

»Komm her, Liese, ich bin schon im Stall«, höre ich es rufen. Das ist Walters Stimme. Er guckt hinter der Schuppentür vor.

Ich gehe den schmalen ausgeschaufelten Weg durch die Schneemassen bis hin zum Schuppen. Schnell schlüpfe ich hinein.

Im Schuppen ist es warm. Hier stehen Walters Kaninchenställe, und ich sehe, wie die Kaninchen ihre weichen Schnäuzchen an das Drahtgitter drücken. Wir gehen zu denen mit dem rehbraunen Fell. Walter macht das Holztürchen auf, schiebt eine Handvoll Heu hinein, und wir bücken uns und stecken unsere Köpfe so weit es geht in den Kaninchenstall.

Wir sind ganz nah an den weichen Tieren, und auch unsere Köpfe sind ganz nah zusammen. Walter mag das, glaube ich, auch sehr gern.

Die Kaninchen hoppeln zutraulich zu unseren Gesichtern und küssen mal mich, mal Walter mit ihren kühlen feuchten Schnäuzchen.

»Wart mal«, sagt Walter. Er packt ein Kaninchen und setzt es auf seinen Arm.

»Hol dir auch eins«, sagt er zu mir.

Ich hole mir auch eins, wir stehen eine ganze Weile und streicheln die großen weichen Tiere.

»Mutter bringt sie nächste Woche zum Rammler, und dann gibts bald Junge, den ganzen Stall voll. Wenn du willst, kannst du jeden Tag rüberkommen«, sagt er und sieht mich dabei mit seinen hellen Augen an.

Ich mag den Walter sehr und bestimmt noch lieber als das Kaninchen auf meinem Arm, obwohl ich das schon sehr liebhabe.

»Was hast du lieber, das Kaninchen oder mich?« frage ich Walter.

Er guckt runter auf sein Kaninchen und streichelt es ganz zärtlich. Ich hätte das nicht fragen sollen, die Frage war blöd. Walters Haare hängen über die Stirn, und ich kann gar nichts von seinem Gesicht sehen. Dann schubst er sein Tier in den Stall hinein, und ich setze meins dazu. Während er die Stalltür wieder zumacht, sagt er: »Wenn ich groß bin, heirate ich dich, und dann gehören alle Kaninchen uns beiden.«

»Ja«, sage ich, aber da höre ich Mutters Stimme rufen: »Liese, Liese, wo steckst du denn?«

»Ich muß gehen«, sage ich und bin schon an der Schuppentür.

»Kommst du heute mit zum Schneehaus?« ruft mir Walter nach.

»Witte läßt uns Mädchen bestimmt nicht rein«, rufe ich zurück.

»Den krieg ich schon rum«, ruft Walter mir nach.

Mutter steht unten an der Pforte.

»Ich komme«, rufe ich und nehme wieder die Abkürzung über den Zaun.

Auf allen Straßen liegt Schnee, nur die Fußwege sind geräumt, so daß wir gerade zu zweit nebeneinander gehen können.

»Das ist ein strenger Winter«, sagt Mutter, »wer jetzt noch kein Dach überm Kopf hat, dem geht es schlecht.«

»Ob jetzt alle Flüchtlinge schon eins haben?« frage ich sie.

»Hoffentlich«, antwortet sie nachdenklich, »ein Dach werden sie wohl jetzt haben, aber zu wenig warme Kleidung und Decken und vor allem nichts zum Heizen. Wenn uns die Gößnitzer nicht so viel zum Anziehen geschenkt hätten und Vater nicht in der Kohlengrube arbeitete, dann wären auch wir viel schlechter dran.«

»Wenn ich groß bin, geht es mir gut, dann heirate ich Walter und ziehe rüber in seine Wohnung mit der richtigen Küche, und Kaninchen haben wir dann so viele, daß wir immer welche verkaufen können.«

Mutter lacht: »Bis du groß bist, dauert es aber noch lange.«

Sie hält sich das Kopftuch vor Mund und Nase, weil ein kalter Wind aufkommt. Der Wind läßt kein Wort mehr aus meinem Mund heraus, und das ist gut so. Ich denke an die Äpfel aus Brauners Garten und die Apfelklautour. Gottlob reden wir nichts mehr, bis wir bei den Brauners ankommen.

Bei Brauners wird die gestrickte Jacke bestaunt. Vor

zwei Wochen hatte Frau Brauner einen großen Pullover ihres Mannes Großmutter mitgegeben; Erich war im Krieg in Rußland gefallen oder erschossen worden. Seinen Pullover hat Großmutter zuhause aufgeribbelt und daraus eine feine Damenjacke mit Perlmuster gestrickt.

»Meinem Mann wäre das recht«, hat Frau Brauner gesagt.

Mutter bekommt Eier, ein Stück Speck und einen Schlafanzug für mich dafür.

Bevor wir gehen, zieht Frau Brauner meine Mutter ans Fenster und zeigt ihr einen Brief.

»Vielleicht kommt er doch zurück«, höre ich sie sagen.

»Er kommt bestimmt wieder zurück«, antwortet Mutter mit fester Stimme.

Draußen erzählt sie mir, daß Rudi, Brauners ältester Sohn, in russischer Kriegsgefangenschaft ist, daß es in Sibirien viele Lager mit deutschen Kriegsgefangenen gibt und daß es dort im Winter noch viel kälter ist als hier. Jetzt wird mir erst klar, warum keine Männer auf Brauners Hof sind.

Vor dem Gartentor frage ich Mutter, ob ich zum Schneehaus gehen darf. Sie erlaubt es gleich, und ich renne den Feldweg hoch.

Hinter den Häusern, am Waldrand, schaufeln die Jungen im Schnee, Witte, Walter, Otto und Werner. Waltraud steht in einiger Entfernung und guckt zu.

»Komm«, sage ich zu ihr, und zu den Jungen rufe ich rüber: »Können wir mithelfen?«

»Ja, ihr könnt die Schneewand festklopfen«, ruft Walter uns zu.

Das Schneehaus ist höher als der lange Witti, und das Dach ist rund, wie bei einem Iglu. Otto und Witti stechen innen die Wände mit kleinen Kohleschaufeln ab, daß sie schön glatt werden. Wir arbeiten draußen. Jetzt schiebt Witti zwei Bretter ins Schneehaus hinein.

»Das werden unsere Sitzbänke«, sagt er.

»Reinkommen, alle reinkommen«, ruft es bald von tief drinnen. Das lassen wir uns nicht zweimal sagen. Gebückt kriechen wir durch einen schmalen Gang, bis sich die Höhlung etwas verbreitert. Drinnen ist es dunkel und warm, ich sitze Walter gegenüber, und unsere Knie stoßen in der Mitte zusammen.

»Im Schneehaus ist es wärmer als in einer Baracke«, sagt Otto.

»Stimmt«, antwortet Witti, »rat mal, warum die Eskimos Schneehäuser bauen?«

Da sagt Otto: »Wenn Vater noch lebt, dann ist er in Sibirien, dort ist es mehr als minus dreißig Grad kalt.«

Es wird still, alle sehen auf Otto. Sein Vater ist also auch Kriegsgefangener in Rußland. Otto hat noch zwei Brüder; in der Klasse erzählen sie, daß er mit ihnen manchmal Kohlen klaut, so wie mit uns damals die Äpfel. Eine kleine Schwester hat er auch noch. Sie wohnen alle zusammen unten in der Stadt in einem halbzerbombten Haus.

»Vielleicht treffen sich unsere Väter dort in Sibirien«, sagt Waltraud in die Stille hinein, »mein Vater ist nämlich auch dorthin abtransportiert worden.«

»Mann, Sibirien ist groß«, antwortet Otto, »ich muß jetzt abhauen, hab 'ne Verabredung am Bahndamm, Steinkohle!«

Während Otto das sagt, ist er schon aus dem Schneehaus herausgekrochen.

»Kohlenklau!« ruft Waltraud ihm nach.

»Daß keiner Otto verrät!« sagt Walter, als er draußen ist. »Die haben keine Mutter mehr, und ihre Großmutter, bei der sie wohnen, ist krank.«

Mir gefällt es, daß Walter das sagt, obwohl alle Kohlenklauer angezeigt werden sollen; das steht auf den Plakaten, die überall auf den Schaufenstern kleben.

Die Jungen kriechen bald wieder aus dem Schneehaus heraus, sie tun so, als ob sie Eskimos wären und gleich auf Robbenjagd gehen müßten. Witti ruft zu uns rein: »Ihr Weiber, kocht uns was Gutes!«

Es ist schon dunkel, als wir nach Hause gehen. Im Spiel war Walter mein Eskimomann, und Witti war Waltrauds Mann. Jetzt laufen die Jungen wieder vorneweg und wollen nichts mehr mit uns zu tun haben. Waltraud nimmt mich mit in die Villa hinein, in der sie mit ihrer Mutter, Großmutter und ihren drei Schwestern einquartiert ist.

»Eigentlich darf ich niemanden mitbringen; die anderen Leute wollen das nicht. Aber ich möchte dir so gern meine Babypuppe zeigen. Vielleicht macht Großmutter dir auch so eine Stoffpuppe, denn als Eskimofrauen brauchen wir Babies. Komm doch!«

Waltraud zieht mich die Treppe hoch.

Hinter geschlossenen Türen höre ich Stimmen. Ich weiß von Waltraud, daß letztes Jahr in dieses Haus viele Flüchtlinge einquartiert wurden und daß alle Familien in einer Gemeinschaftsküche kochen, weil im ganzen Haus nur ein einziger richtiger Herd ist. Waltrauds sechsköpfige Familie wohnt ganz oben in einem Mansardenzimmer.

Jetzt sind wir oben angelangt, stehen in einer Diele, von der zwei niedrige Türen wohl zu Zimmern führen. Der Raum ist nur schwach erleuchtet. Ich kann aber erkennen, daß um den gemauerten Schornstein herum ein paar Matratzen ausgelegt sind, auf denen Menschen sitzen oder liegen.

»Warte mal hier«, sagt Waltraud, schlüpft in ein Zimmer und schließt die Tür hinter sich. Ich stehe allein in dem halbdunklen Raum bei den fremden Leuten.

»Bist wohl eine Einheimische?« höre ich eine Stimme.

»Zuschauer brauchen wir nicht«, kommt es von jemandem hinten im Raum.

Mir wird unheimlich, weil ich niemanden richtig erkennen kann.

»Laßt doch die Kleine in Ruh«, sagt eine Frauenstimme.

Die Tür, hinter der Waltraud verschwunden ist, bleibt noch immer zu. Vielleicht will ihre Familie nicht, daß jetzt am Abend noch jemand zu ihnen kommt, weil es viel zu eng bei ihnen ist. Ich renne die Treppe hinunter, hinaus aus der Villa und rüber zu uns, nach Haus.

Frühling 1947
Im schönsten Frühling nicht gesund werden, weil man einer Frau begegnet, die böse Träume vom Krieg nicht loswerden kann

---

»Sie hat mich verhext, ganz bestimmt!« Ich sage das, weil ich es weiß, doch Großmutter will es mir nicht glauben. Sie sagt, nur, weil ich die Frau nicht leiden kann, denke ich mir das aus.

»Doch, Großmutter, doch, als ich oben auf dem Gartenzaun saß, kam sie freundlich, wie Hexen sind, auf mich zu. ›Na, paß auf, gleich wirst du runterfallen‹, hat sie gesagt. Und dann hat sie an das Gartentor gefaßt, und ich bin wirklich heruntergefallen. Als ich unten lag, ist sie schnell weitergegangen, die Hexe!«

Mit dem zahnlosen Mund und dem tief in die Stirn gezogenen Kopftuch, im immer gleichen langen schwarzen Rock mit rotem Kreuzstich unten an der Borte, ging sie vorbei. Sie wohnt in der Villa drüben bei Waltraud, und Waltraud hat auch Angst vor ihr, weil sie nachts manchmal schrecklich schreit, und das tönt dann durch das ganze Haus.

»Sie hat wieder Alpträume vom Krieg«, sagt dann ihre Schwester, »sie kann nichts dafür, daß sie immer wieder von ihren schlimmen Erlebnissen träumt.«

»Manchmal hat sie einen richtig irren Blick, Großmutter, so...!« Ich versuche, meine Stirn in Falten zu ziehen und von ganz unten her hochzusehen. »Und als sie an mir vorbeiging, wie ich da unten lag, konnte ich keine Luft mehr kriegen, ich konnte überhaupt nicht mehr atmen. Sie hat mich verhext!« sage ich noch einmal.

»Du hast dir eine Prellung geholt und bekommst keine Luft, das ist bei einem solchen Sturz ganz normal. Du hättest ja auch gar nicht rausgehen dürfen, Liese! Du hast doch eine Mandelentzündung! Wärst du im Bett geblieben, dann wäre das gar nicht passiert.«

Schon wieder: wärst du, wärst du!

Ich krieche unter die Bettdecke, weil ich keine Vorwürfe mehr hören will. Kann sich Großmutter denn gar nicht vorstellen, daß ich bei so einem Frühlingswetter nicht im Bett liegen mag? Die Luft kommt grad so ins Fenster herein, als ob sie sagt: Jetzt renn draußen herum, schnell, renn schon los!

Heut früh schlüpfte ich aus der Haustür, Fieber hatte ich keins mehr gehabt. Vater und Mutter waren zur Arbeit gegangen, und Großmutter sollte überhaupt nicht merken, daß ich rausgelaufen bin. Konnte ich denn wissen, daß die unheimliche Frau mich heute vom Torpfosten fallen läßt, daß sie mir die Luft weghext und daß mir jetzt das Schlüsselbein wehtut?

»Schlüsselbeinprellung«, hatte Dr. Weiß gesagt, den Großmutter heute früh zu uns gerufen hat. Und jetzt ist das Fieber auch wieder gestiegen.

Ich höre die Tür klappen, gucke vorsichtig unter der Bettdecke hervor, Großmutter ist gegangen.

Das Hexengesicht der dunklen Frau von heut früh verschwindet aus meiner Vorstellung, ein anderes Gesicht taucht vor mir auf, es gehört der Babajaga, der Hexe der Russen, ich kenne sie aus den russischen Märchenfilmen. Sie steht mit einem Holzbündel vor ihrem Haus, sieht mich an und lacht mir zu. Bäume, Blumen ringsum, jetzt spricht sie mit einem Reh, sagt fremde Worte, geht in ihr Haus. Ich darf nicht hineinschauen, die Tür fällt vor mir ins Schloß. Ich sehe einen blonden jungen Mann, er hat große blaue Augen, sehe, wie er durch den Wald geht, einen Wunderwald voller Musik und Vogelgezwitscher, Sonne zwischen den Bäumen. Im Wald wird es jetzt ganz düster. Plötzlich, ein großer Felsen, eine Grotte, in vielen Blautönen glitzern die Steine. Mein Herz schlägt laut, genau wie vor ein paar Tagen im Kinovorführsaal. Der Jüngling findet die Steinerne Blume, ist geblendet von ihrer Schönheit. Ich bin es auch. Aber das Bild von der Steinernen Blume verschwimmt, wird zu Wasser. Ein dunkelblaues, weites Wasser, in dem sich die Abendsonne glutrot spiegelt – und langsam, langsam kommt ein Boot heran. Das Boot sieht aus wie ein großer, weißer Schwan, und darin sitzt eine wunderschöne Prinzessin mit ihrem Befreier, und sie sehen beide ganz, ganz glücklich aus.

Die Bilder wechseln rasch: Tanzende Männer, Frauen mit langen Zöpfen, Musikanten, dann ein riesiger Topf mit kochendem Wasser, ein dicker Zar mit aufgeblasenem Gesicht, ein breiter, lachender Mund, Zähne! Ein Mensch springt ins kochende Wasser! Gott sei Dank, es ist der böse Zar, jetzt ist er tot!

Trommelwirbel im Hintergrund, breite Felder, der Mond über der weiten Landschaft.

Ich wünsche mir, in Rußland zu sein, mitten im Wald bei der Babajaga, die mir ihre Zauberkünste verrät.

Wenn ich groß bin, fahre ich nach Rußland, das nehme ich mir fest vor.

In die Märchenbilder drängen sich Bilder aus der Wochenschau, lange Züge, voll mit deutschen Soldaten, die in Rußland gekämpft hatten, sie werden nach Sibirien transportiert. Dann wieder Bilder von Kämpfen aus Revolutionsfilmen. Wenn im Film Granaten explodieren, schließe ich immer die Augen.

Ich sehe jetzt riesige Sonnenblumenfelder, junge, lachende Leute auf den Traktoren. Aufbau! Aufbau! ›Die Jugend schafft ein neues Land, der deutsche Feind ist besiegt, das russische Volk lebt‹, höre ich eine dröhnende Stimme…

Leise geht die Tür, Großmutter bringt mir eine Tasse Tee und macht einen Umschlag.

»Da hast du dir was Schönes eingebrockt«, sagt sie und legt mir ganz vorsichtig den heißen Umschlag um den Hals. Sie ist lieb zu mir und löffelt mir den Tee in den Mund wie einem Baby. Und nun reibt sie mir noch die kalten Füße, wie schön. Bevor Großmutter geht, deckt sie mich bis oben hin zu.

Das Kino vor meinen Augen wird ungenau und verschwimmt. Ich schlafe ein. –

Als ich wieder aufwache, ist mein Mund wie ausgetrocknet. Es ist ruhig im Zimmer, nur Großmutter höre ich leise murmeln. Sie betet halblaut wie jeden Abend vor dem Einschlafen.

»Gehst du schon schlafen?« frage ich sie. »Ja, Linkerle«, sagt sie, »neben deinem Bett steht eine Tasse Tee, wenn du Durst hast, kannst du trinken.«

Und ob ich Durst habe.

Es ist schön, daß Großmutter »Linkerle« gesagt hat, daran merke ich, daß sie mir nicht mehr böse ist. Ich hatte gar nicht gemerkt, wie Vater, Mutter, Wolfgang und Christl nach Haus gekommen sind.

»Komisch«, sage ich, »daß man im Schlaf gar nicht merkt, was die anderen machen, obwohl man nicht tot ist.«

»Der Schlaf ist der Bruder des Todes«, kommt es von Großmutter durchs dämmrige Zimmer. »Erst wenn wir wieder aufwachen, wissen wir, daß wir noch leben.«

»Ich lebe, wenn ich schlafe«, sage ich bestimmt. Ich will die Angst vertreiben, die in mir hochkriecht.

Ich rufe noch zu Großmutter rüber: »Und wenn du schläfst, dann schnarchst du. Glaubst du vielleicht, daß Tote schnarchen?«

»Da hast du recht«, sagt sie und lacht, und nach einer Weile höre ich sie auch schon schnarchen, langgezogen und leise. Ich muß an Mariechen denken, an ihr weißes Gesicht. Sie konnte nicht sprechen, sich nicht bewegen, als sie auf der Reise aus dem Zug gefallen war und auf dem Bahnsteigpflaster ohnmächtig liegenblieb und aussah wie tot.

Mariechen war unser Kindermädchen gewesen, zu Hause im Sudetenland, das jetzt Tschechoslowakei heißt. Mit uns wurde sie vertrieben. Wir waren zusammen, bis das auf dem Bahnhof passierte.

Mariechen lebt! Vater hat es uns erzählt. Im Sommer 1945, als er uns nach dem Krieg suchte, hat er Mariechen getroffen. Das kam, weil er die vielen kleinen Zettel mit Nachrichten gelesen hat, die die Flüchtlinge auf den Bahnhofswänden für ihre Angehörigen hinterlassen hatten. Auf jedem Bahnhof, an dem Vater ankam, hat er sie durchstudiert. Und in Dresden fand er Mutters Zettel, auf dem sie von Mariechen berichtet und genau angegeben hat, in welche Richtung wir anderen weitergefahren sind. So fand Vater Mariechen im Krankenhaus in Neustadt bei Dresden. Weil sie Typhus bekommen hatte, mußte sie in Neustadt allein zurückbleiben. Mutter hatte Mariechen noch ins Krankenhaus gebracht, bevor wir weiterfahren mußten. Als Vater Mariechen besuchte, ging es ihr schon wieder besser. Der Krankenhausarzt wollte Mariechen jetzt zu sich nehmen, damit sie auf seine Kinder aufpaßt. Ich bin froh, daß Mariechen lebt, daß es ihr wieder gut geht, aber richtig glauben werde ich es erst, wenn ich sie lebendig vor mir sehe.

Es wird heller im Zimmer. Langsam steigt der Vollmond übers Dach von Walters Haus, und nun leuchtet er in unser Zimmer.

Jetzt kann ich überhaupt nicht mehr einschlafen, weil es vom Mondlicht so hell ist. Ich versuche es wieder mit meinem Kino: Das war auch eine Vollmondnacht, als ein Junge mit seinen Freunden zusammensaß, vor einem Bauwagen, mitten in den Trümmern von Berlin. Sie erzählten sich, wie sie den Tag über Steine geklopft und Trümmer weggeräumt hatten, und sie träumten von einer wieder aufgebauten Stadt. Dann holte der Junge seine Mundharmonika heraus und spielte, während die Freunde sangen: »Wenn ein Sternlein fällt vom Himmelszelt, wünsch ich mir was...«

Ich hab ja auch eine Mundharmonika. Sie liegt in der Schachtel unter meinem Bett. Als der Schnee wegtaute, habe ich sie auf dem Weg in die Stadt gefunden. Darum ist sie etwas rostig und klingt nicht mehr so voll. Ich beuge mich unters Bett. Au, das verhexte Schlüsselbein tut weh, aber ich schaffe es doch, die Mundharmonika heraufzuholen.

Unter der Bettdecke mache ich mir eine kleine Höhle und spiele ganz leise die Melodie aus dem Film.

Ponyhufe wirbeln Sägespäne auf, die Späne fliegen bis in
mein Versteck hinein, berühren leicht mein Gesicht, fallen
herunter ins Dunkle.

Unwillkürlich ducke ich mich, wenn die Tiere ein Stück
auf mich zukommen, aber sie drehen ab, ihre Umlaufbahn
ist vorgeschrieben. Mit Köpfen und Federbüschen nik-
kend laufen sie im Rund der Manege, die durch ein dickes
Tau von den Zuschauerbänken abgetrennt wird.

Ich hocke im Dunkeln unter den Bänken, die hinten
höher ansteigen. Ich darf mich nicht erwischen lassen,
weil ich ohne Eintrittskarte hineingeschmuggelt worden
bin.

Anita, die zwölfjährige Kunstreiterin, hat mir das Versteck gezeigt. Dafür mußte ich ihr zwei weiße Spitzenta-
schentücher schenken. Die habe ich bei Otto einge-
tauscht, hab ihm ein Soldatenheft dafür gegeben, das ich
Witti heimlich weggenommen hab. Anita wollte ja am
liebsten Geld von mir, sie hat immer wieder gedrängelt
und gesagt: »Deine Großmutter merkt doch nichts, wenn
du es aus ihrem Portemonnaie nimmst.«

Aber ich traue mich nicht, wieder Geld aus Großmutters Geldtasche herauszunehmen. Sie hatte das letzte-
mal schon überall in der Küche nach ihren Fünfzigpfen-
nigscheinen gesucht, die ich in meinem Schuh versteckt
hatte.

»Wo hab ich sie bloß hingelegt?«, hat sie immer wieder
gesagt.

Großmutter hat mir dabei so leid getan, aber aus Angst
hab ich ihr das Geld trotzdem nicht wiedergegeben. Und
als ich die Scheine schließlich aus meinen Schuhen heraus-

holte, konnte ich sie nicht mehr brauchen, sie fielen in meinen Händen auseinander, waren feucht, ribbelig, durchgelaufen.

Wenn bloß Witti nicht merkt, daß sein Soldatenheft fehlt! Ich gucke durch die Bretter hindurch in die Manege, sehe die bunten Glühlampen, die leicht im Wind schaukeln, sehe den Clown mit der Pauke und dem Äffchen auf seiner Schulter.

Ich vergesse Witti und das Heft; das, was ich hier erlebe, ist wunderschön, ist eine Zauberwelt.

Manchmal fällt ein Bonbonpapier von einem Zuschauer über mir auf meinen Kopf, aber ich verhalte mich ganz still.

Der Clown schlägt laut auf die Pauke. Jetzt tritt der Zirkusdirektor in die Manege und sagt mit erhobener Stimme: »Und nun, verehrtes Publikum, sehen Sie die junge Kunstreiterin Anita!«

Anita hüpft in die Manege zu dem braunweiß gefleckten Pony, klopft es am Hals und steigt auf.

Eine Runde reitet sie im Sitzen, nun kniet sie auf dem bunten Sattel, breitet die Arme aus. Wie ihre rote Bluse leuchtet! Sie steht auf und macht die Waage, toll! Ihr Pony geht langsam, fast vorsichtig.

Alle klatschen Beifall. Schade, daß ich nicht klatschen darf.

»Wenn dich mein Vater erwischt, darfst du auf keinen Fall sagen, daß ich dich hier versteckt habe, sonst krieg ich's mit der Peitsche«, hatte Anita gesagt.

Also will ich mich still verhalten. Anita springt ab, verbeugt sich, wirft Kußhände in die Runde, hüpft zurück. Ihr Pony wird von einem Zirkusmann nach draußen geführt. Er wird es wieder an einem Zirkuswagen festbinden.

Solch ein Pony habe ich Wolfgang heute nachmittag

versprochen, als ich mit ihm in der Kindervorstellung war. »Ich kauf dir eins, ganz gewiß«, hab ich zu ihm gesagt, und weil er noch so klein ist, hat er es mir geglaubt. Seine Augen haben gestrahlt, und er hat mich für mein Versprechen ganz lieb gehabt.

Ich weiß nur nicht, wie ich das Pony besorgen soll, möchte es ja gern auch für mich haben, hab aber kein Geld und auch nichts zum Tauschen. Und es ist ja Anitas Pony, sie braucht es für ihre Kunststücke. Sonst würde ich es einfach losbinden und heimlich darauf nach Hause reiten. Im Garten würde ich es an einen Apfelbaum binden, und morgen früh könnte ich sagen: »Guck mal, Wolfgang, dein Pony ist da!«

Wieder ein Paukenschlag! Der Zirkusdirektor kündigt die Seiltänzerin an, sagt, alle sollen ganz still sein, damit sich Arabella auf dem Seil konzentrieren kann, weil kein Netz darunter gespannt ist. Von Anita weiß ich, daß Arabella schon mal abgestürzt ist, aber zum Glück war sie nur auf die weichen Sägespäne gefallen und hat sich nicht weh getan. Im Publikum wird es wirklich ganz still, ich sehe gespannt zu und merke nicht, wie jemand zu mir herkriecht, sich neben mich hockt.

»Liese!« Ich fahre herum, als ich meinen Namen flüstern höre.

»Ich bin's, hab doch keine Angst! Kommst du morgen wieder?« Es ist Anita.

»Nur, wenn du mich umsonst reinläßt, ich hab nichts mehr zum Tauschen«, sage ich.

»Klar«, flüstert Anita.

Wir schlingen die Arme umeinander und sehen zusammen Arabella zu, wie sie mitten auf dem Seil Spagat macht.

Plötzlich bekomme ich einen Schrecken, der sich ganz tief in meinem Bauch festsetzt. Jemand hat meinen Namen gerufen! Jetzt schon wieder!

»Liese, Liese, wo bist du?«

Mutters Stimme! »Liese«, sie klingt wieder von weiter weg.

Mutter sucht mich. Ich bin von zu Hause weggelaufen, ohne etwas zu sagen. Die Erwachsenen hätten bestimmt nicht erlaubt, daß ich so spät noch zum Zirkus gehe. Aber jetzt kann ich nirgends raus, zur Straße hin ist alles vernagelt, und vorn am Zirkuseingang passen Anitas Leute auf.

Ich höre die Stimme wieder: »Liese!«

»Anita, das ist meine Mutter, ich muß hier raus!« sage ich.

»Jetzt geht es nicht«, antwortet sie leise.

Mutters Stimme kommt wieder näher, sie klingt schon ganz aufgeregt, weil sie mich, ihre Liese, nicht findet. Ich muß zu ihr und ihr sagen, daß ich da bin. Anita kann mich nicht mehr halten, sie folgt mir gebückt dem Ausgang zu.

Wir reden beide kein Wort, aber Anita versteht mich. Sie stellt sich so vor mich hin, daß die Zirkusleute mich nicht entdecken können. Gerade wird die Tiernummer vorbereitet, Männer halten einen Bären, Ziegen und einen Papagei zum Auftritt bereit. Die Leute sehen nicht, wie ich mich schnell an ihnen vorbeidrücke und verschwinde.

Ich renne über den Platz. Dort drüben geht Mutter, jetzt sieht sie sich noch einmal um.

»Mutter«, rufe ich, »Mutter!«

Sie bleibt stehen, sieht mich an.

»Ich war im Zirkus! Es war so schön. Anita ist auf ihrem Pony geritten, sie sah aus, als würde sie fliegen, sie hat auch die Waage gemacht, so!«

Und ich zeige Mutter, wie die Waage geht, ich zeige ihr Spagat, aber ich komme nicht ganz auf den Boden. Ich drücke meine Beine soweit es geht herunter. Mutter steht vor mir, ist ernst. Jetzt muß sie doch lachen.

»Eigentlich müßte ich ja mit dir schimpfen«, sagt sie. »Du bist von zu Haus weggelaufen, ohne zu fragen!«

Sie nimmt mich an der Hand, und wir gehen durch die dunkle Nacht nach Haus, und Mutter staunt über alles, was ich ihr erzähle.

Zuhause muß ich ihr versprechen, nie mehr so spät am Abend wegzulaufen, ohne den Erwachsenen etwas zu sagen. Ich verspreche es.

Am nächsten Morgen ist Anita schon im Klassenzimmer, als ich hereinkomme. Vorn, wo etwas freier Platz ist, tanzt sie den anderen vor, sie schlägt dazu auf das Tambourin. Ihr Rock fliegt, und beim Drehen legt er sich eng um ihre Beine. Anita sieht schön aus. Alle gucken ihr zu, und niemand von uns Kindern merkt, daß Fräulein Ziehne hereingekommen ist. Ein paar Mädchen sehen sie jetzt. »Fräulein Ziehne«, rufen sie, und alle laufen auseinander auf ihre Plätze.

Anita verbeugt sich seelenruhig und geht stolz und mit wackelnden Hüften durch die Klasse bis zu ihrem Platz in der hintersten Bankreihe.

»Nachher müßt ihr noch bezahlen«, sagt sie, während sie sich hinsetzt, obwohl schon alle Kinder schweigend auf die Lehrerin schauen. Anita hat keine Angst vor Lehrern, obwohl sie nicht lesen und schreiben kann. Sie sagt immer ganz laut, was sie gerade denkt. Ich bewundere sie.

Solange der Zirkus in Gößnitz bleibt, wird Anita in unsere Klasse gehen, und sie will jeden Tag eine Extravorstellung im Klassenraum geben. Ich werde genau aufpassen und zu Hause so lange üben, bis ich die Kunststücke auch so gut kann wie sie.

»Heute gibt es eine Neuigkeit für euch«, beginnt Fräulein Ziehne den Unterricht. »Ihr bekommt einen neuen Lehrer, der euch eine sehr wichtige Sprache beibringen wird; es ist die Sprache unserer Befreier!« Sie macht eine Pause.

›Die Befreier, das werden die Russen sein‹, denke ich.

In der Wochenschau im Kinosaal hatte ich diese Worte schon oft gehört.

Ich melde mich und schnipse ganz doll mit dem Finger. Fräulein Ziehne sagt erstaunt: »Ja was, Liese?«

»Das sind bestimmt die Russen«, sage ich, »und Russisch wollte ich schon lange lernen. Ich will auch später nach Rußland, dorthin, wo sie den Film von der Steinernen Blume gedreht haben.«

Die Kinder in der Klasse lachen. Mein Gesicht wird heiß, ich setze mich, und Renate, meine Nachbarin, sagt: »Die Steinerne Blume gibt es doch gar nicht echt, du spinnst ja.«

Das weiß ich auch, aber immerhin sind es die Russen, die so schöne Märchenfilme gemacht haben.

»Ja, ihr bekommt einen Russischlehrer«, spricht Fräulein Ziehne weiter, »in der nächsten Stunde kommt er, und dann kannst du ihm sagen, wie sehr du dich auf das Russischlernen freust, Liese.«

Ich werde bestimmt nichts mehr sagen, die lachen mich sonst nur wieder aus.

Nach der Deutschstunde kommt der neue Lehrer. Herr Renner heißt er, er hat einen grauen Anzug an, und er hat einen roten Kopf. Nachdem er sich vorgestellt hat, schreibt er die kyrillischen Buchstaben an die Tafel, und wir schreiben sie in ein Heft.

Das Schreiben der sonderbaren Buchstaben macht mir Spaß, und ich freue mich schon auf die nächste Russischstunde.

In der Pause geht Anita herum und kassiert.

»Hier, Liese«, sagt sie und schüttelt danach ihr Tuch

auf meiner Schulbank aus, »wir gucken mal, was alles dabei ist.«

Ich freue mich, daß Anita mich zu ihrer Vertrauten auserwählt hat und schaue mir alle »Bezahlungen« an. Kleine, schon weit abradierte Radiergummis, Pfennige, Knöpfe, kurze Bleistifte, Streichhölzer, Pflaumen und ein noch eingepacktes Schulbrot.

»Komm, die essen wir«, sagt Anita und hält mir ein paar Pflaumen hin. Sie spuckt die Kerne weit durch die Klasse.

Meine sammle ich in der Hand, weil ich mich nicht getraue zu spucken.

Frühling 1948
Gibt es irgendwo anders eine bessere Welt als die, in der wir gerade leben? Gibt es woanders mehr Glück für uns alle?

Ich bin nicht die einzige in der Familie, die Russisch lernt. Vater ist auch Russischschüler, obwohl er doch schon ein Mann ist. »Aber zum Lernen ist man nie zu alt«, sagt er.

Er hat einen dicken Packen Hefte, auf die er sehr stolz ist. Mutter hat sie ihm selbst gemacht; denn Schreibhefte sind sehr schwer zu bekommen. Sie hat Papierblätter in der Mitte umgeknickt und dann mit einem Faden zusammengeheftet. Die ersten Hefte hat Vater schon vollgeschrieben, eng aneinander stehen die russischen Vokabeln, die Texte und die Übersetzungen. Vater ist ein ungeheuer fleißiger Schüler. Wenn er sich am Abend von der anstrengenden Arbeit in der Kohlengrube ausgeruht hat, setzt er sich zu seinen Heften und lernt. Und zweimal in der Woche geht er abends in die Schule.

Neulich hatten wir Besuch von einem seiner neuen Schulkameraden, oder genauer gesagt, vom Sohn seines neuen

Schulkameraden. Der Schulkamerad war nämlich unten am Weg stehengeblieben und wartete, bis der Sohn wieder zurückkam. Der Junge war zu uns heraufgekommen und hatte ganz vorsichtig an die Tür geklopft. Ich habe aufgemacht, und da stand er und hatte eine Jacke und eine Hose über dem Arm. Er suchte mit den Augen meinen Vater.

»Diesen Anzug schickt Ihnen mein Vater«, sagte er schüchtern, »er hat nämlich noch einen anderen im Schrank hängen«, dann gab er ihn Mutter.

Mutter war ganz sprachlos vor Freude; denn einen richtigen Anzug hatte Vater seit dem Kriegsende nicht wieder besessen. Vater bedankte sich herzlich, und der Junge verschwand ganz schnell wieder.

»Ich muß zurück zu meinem Vater, er wartet auf mich«, rief er, als er schon auf der Treppe war.

Vater probierte den Anzug gleich an. In der Länge paßte er, nur war er etwas zu weit, denn Vater war sehr schmal geworden.

Seitdem zieht Vater den Anzug immer in die Abendschule an, damit sein Schulkamerad sieht, wie sehr er sich darüber freut.

Heute ist ein Brief angekommen, aus dem Westen. Tante Lotte hat ihn geschickt. Sie wohnt bei Frankfurt am Main, in dem Teil Deutschlands, der von Amerikanern besetzt ist. Mutter läuft immer wieder zum Fenster, sieht nach, ob Vater nicht schon von der Arbeit nach Hause kommt. Sie will erst mit ihm über den Brief sprechen, bevor sie uns Kindern sagt, was darinsteht. Mit Großmutter unterhält sich Mutter auf tschechisch. Die beiden machen ganz ernste und wichtige Gesichter. Tschechisch reden sie immer dann, wenn wir Kinder nicht verstehen sollen, was sie sagen.

Endlich kommt Vater nach Hause. Mutter kann es gar

nicht abwarten, bis er sich gewaschen hat und am Tisch sitzt. Vater sieht sehr müde aus, so wie jeden Abend. Jetzt arbeitet er schon über zwei Jahre im Kohlebergwerk, aber die harte Arbeit fällt ihm immer noch sehr schwer.

Mutter legt ihm den Brief von Tante Lotte neben den Teller. Er liest schweigend darin und legt ihn wieder auf den Tisch. Er sagt nichts. Dann ißt er die Suppe und holt sich mit großem Genuß das Mark aus den Suppenknochen, die ihm Großmutter neben den Teller gelegt hat. »Statt Fleisch«, sagt sie.

»Was schreibt Tante Lotte denn, sag es uns doch endlich«, bettle ich.

Vater antwortet: »Sie schreibt, wir sollen in den Westen kommen, bevor die Grenze zugemacht wird.«

Das war es also. Wir sollen wegziehen, umziehen, aus der sowjetischen Besatzungszone in die amerikanische. Darum die Geheimnistuerei, das Tschechischreden.

»Wollt ihr denn weg von hier?« fragt Christl, die die ganze Zeit über ebenso gespannt dagesessen hat wie ich.

»Wenn man nur wüßte, ob du drüben auch wirklich eine andere Arbeit findest, ob du wieder Rechtsanwalt sein könntest«, meint Mutter.

»Wir haben nichts und müssen drüben wieder genauso von vorn anfangen wie hier«, sagt Vater. Nachdenklich fügt er hinzu: »Aber wir haben doch auf die Dauer eine größere Chance als im russisch besetzten Gebiet. Drüben haben die Menschen mehr Freiheit. Aber Wohnungen gibt es ebensowenig wie hier.«

»Im Westen weiß man ja kaum, wo man die vielen Flüchtlinge unterbringen soll, die Städte sind genauso zerbombt wie hier.« Das war Großmutter.

Aus ihren Worten höre ich, daß sie keine große Lust hat, wieder weiterzuziehen.

Aber Mutter nimmt den Brief, zeigt auf eine Stelle darin und liest laut vor:

> »Für die erste Zeit könnt Ihr bei uns wohnen, und die Kinder bleiben so lang bei Großmutter in Gößnitz, da habt Ihr Zeit, Wohnung und Arbeit zu suchen...

Wie Lotte sich das vorstellt! Wir können euch doch hier nicht allein lassen«, sagt Mutter.

»Wenn ihr euch dafür entscheidet, passe ich schon auf die Kinder auf«, antwortet Großmutter, und mit einem Seufzer fügt sie hinzu: »Es geht halt immer weiter weg von der Heimat.«

»Aber wir würden Vaters Schwester, Tante Ella, und eure andere Großmutter wiedersehen«, antwortet Mutter und erklärt uns: »Ihr Flüchtlingszug fuhr 1945 in den Westen. Es wäre doch gut, wenn wir in der Nähe unserer Verwandten sein könnten.«

»Wir werden uns alles gut überlegen.« Vater gibt Mutten den Brief, sie steckt ihn in ihre Dokumententasche.

›Noch ist nichts entschieden‹, denke ich.

Beim Geschirrabtrocknen frage ich Christl, ob sie von hier weg will.

»Ich möchte eigentlich am liebsten hierbleiben«, sagt sie.

Darüber bin ich froh.

Großmutter will sich gleich nach dem Abendessen niederlegen. Die Rippen tun ihr weh. Heute vormittag hat sie beim Gemüseeinkaufen am Marktplatz einen Stoß in die Seite bekommen. Ein Mann hatte sich vorgedrängt, obwohl alle anderen Leute in der Schlange geblieben sind. Als Großmutter drankam und gerade einen Weißkohlkopf hochhielt, hat er sie mit dem Ellbogen einfach weggestoßen.

»Die Menschen benehmen sich manchmal schlimmer als die Tiere, wenn sie Hunger haben«, hat Großmutter gesagt.

Herbst 1948
Einer will nachsehen und prüfen, ob es das bessere Leben wirklich gibt

---

Ich kaue auf meinem Bleistift herum, weil ich gar nicht so richtig weiß, wie ich den Brief an Vater anfangen soll. Ich könnte Vater ja sehr viel erzählen, von meinen Freunden draußen, von meinen Spielen mit ihnen, vom Seilspringen und daß ich fünfzigmal Hüpfen auf einem Bein hintereinander geschafft habe.

Erzählen könnte ich ihm auch vom »Kartoffelnstoppeln«. Daß ich oft mit Mutter zusammen die abgeernteten Kartoffelfelder abgehe und mit ihr die noch zurückgebliebenen Kartoffeln auflese und daß wir manchmal eine ganze Tasche voll nach Hause bringen. Oder daß ich mit Walter zusammen den Zuckerrüben Gesichter schnitze, dann einen Stock in die Rübenköpfe hineinstecke und mit ihnen Theater spiele. Ich kann meine Stimme ganz gut verstellen, so daß ich in einem Stück gleichzeitig die Prinzessin und die Hexe spielen kann. Und wir müssen immer wieder neue Puppenköpfe schnitzen, weil die Rüben so schnell austrocknen und schon nach zwei Tagen ganz schrumpelig sind. Wie von selbst verwandelt sich dann die Prinzessin in eine alte Hexe. Hoffentlich erntet der Bauer nicht so schnell das Rübenfeld ab, damit wir noch lange Nachschub holen können.

Aber das alles wird Vater nicht so sehr interessieren. Ich sollte ihm besser erzählen, daß Mutter jeden Tag in der

Gärtnerei arbeitet, Gemüse erntet, abwiegt und bündelt, und wie sie im Gewächshaus Blumen umtopft. Ich könnte Vater schreiben, daß der Gärtner aus freien Stücken Mutter Geld geschenkt hat, nur so, weil er uns helfen wollte. Er hat gesagt, daß er das Geld spätestens bei der Währungsumstellung verlieren würde, denn jede Person dürfe nur 60 Mark bei der Bank gegen neues Geld umtauschen. Weil Mutter nicht einmal für jeden von uns einen solchen Betrag besitzt, hat der Gärtner uns einfach das fehlende Geld geschenkt. Das wird Mutter dem Vater aber wohl schon selbst geschrieben haben, denn es ist schon einige Wochen her. Sie spricht aber noch so oft davon, als wäre es gestern gewesen. Mutter hat damals auch gesagt, daß es gut sei, daß alle Deutschen mit gleichviel Geld wieder nach dem Krieg anfangen müßten. Wir sind aber trotzdem im Nachteil, weil wir ja alle unsere Sachen und unseren Besitz in der Tschechoslowakei zurücklassen mußten, als wir vertrieben wurden, und auch, weil wir kein monatliches Gehalt bekommen. Ich werde Vater besser schreiben, daß ich bei der Hochzeit von Wittes Schwester Blumen gestreut habe und daß ich dasselbe hellblaue Kleid wieder ausgeliehen bekam, das ich auch zur Erstkommunion trug.

Lieber Vater!

So, der Anfang steht. Ich sehe noch einmal auf Vaters Brief, er liegt neben meinem noch leeren Blatt. Seine Schrift ist eng und schräg, meine ist rund und groß. Ob ich zu Hause fleißig helfe, fragt er gleich am Anfang, und ob ich gut in der Schule bin. Das interessiert Vater am meisten. Also schreibe ich ihm erst einmal, daß ich gute Noten in der Schule bekommen habe und daß ich oft zu Hause helfe.

Ach ja, darüber wird er sich auch freuen: Ich schreibe

ihm von meiner hellbraunen Blockflöte, die Mutter mir zum Geburtstag geschenkt hat, und daß ich Flötenunterricht bekomme. Ich bitte ihn auch, daß er mir im nächsten Brief noch mehr von Hannover erzählen soll; ich frage ihn, ob es in Hannover wirklich so viele Ruinen gibt, die vom Bombenkrieg herrühren.

Vater war ja zuerst zu Tante Lotte nach Frankfurt gefahren. Dann hörte er, daß es in Hannover Arbeit gäbe und da ist er gleich hingefahren. Jetzt wohnt er in einem Barackenraum mit fünf anderen Arbeitern zusammen, die wie er auf dem Bau arbeiten. Vater schreibt auch noch, daß er so am Wiederaufbau Deutschlands mithelfen könne. Wenn nämlich wieder genügend Häuser aufgebaut sind, wird er auch bestimmt eine Wohnung für uns finden und alle nachholen.

Großmutter hatte also doch mit ihrer Meinung recht gehabt, daß es im Westen schwer sei, eine Wohnung zu finden.

Aber Vater ist dann doch gefahren. Er glaubte, im Westen würde für ihn alles leichter sein. Er hoffte, dort mit der Zeit wieder ein Anwaltsbüro einrichten zu können.

»Drüben gibt es viel mehr zu essen«, sagte er, »viel Schokolade und Südfrüchte, Sachen, die wir hier noch nie gesehen haben.«

Ist Vater nicht auch deswegen in diesem Sommer schon nach drüben gefahren, weil es hieß, die Grenze zwischen unserer, von den Russen besetzten Zone und Westdeutschland würde dichtgemacht? Die Grenze sollte ein Eiserner Vorhang werden, durch den niemand mehr vom Osten in den Westen ziehen darf.

Ob Vater sich geirrt hat? Ob die Leute sich hier in Gößnitz alle irren? Aber sie beneiden Vater darum, daß er in Hannover Arbeit gefunden hat, und sagen, sie möchten am liebsten auch dort sein. Und Elsa, meine Freundin, hat mir erzählt, daß ihre Schwester in Bayern mit einem amerikanischen Soldaten verlobt ist, der ihr ganz viel Bohnenkaffee schenkt.

Ich will Vater fragen, wie es wirklich ist.

Unter den Brief male ich noch ein Bild, wie Vater die Arme nach uns ausstreckt, und wie wir auf der anderen Seite alle auf ihn warten.

Frühling 1949
Wenn Mutter nicht da ist und nicht sorgen kann, wachsen Kindern manchmal Flügel

---

Ein klappriges Lastauto kommt mir auf der Landstraße entgegen, es zieht eine graue Staubwolke hinter sich her. Der Fahrer grinst mich aus seinem Führerhaus heraus an, jetzt bin auch ich in Staub eingehüllt. Langsam verzieht sich die Staubwolke wieder, senkt sich auf den Wiesenrand neben der Straße. Der ist schon ganz grau.

Ich laufe weiter. Die Landstraße nach Löhmingen scheint heute endlos lang zu sein. In meiner Erinnerung war das Dorf nicht so weit entfernt von zu Hause. Vielleicht kommt das daher, weil ich jetzt alleine gehe, ohne Mutter, und weil ich niemanden habe, mit dem ich mich unterhalten kann.

Da vorn ist endlich das erste Haus zu sehen, jetzt die Dächer der anderen Häuser. Sie winken mir zwischen den Bäumen hindurch richtig entgegen. Ich bin auf dem Weg zu Lehnerts, der netten Bauernfamilie, die mir einmal den hellblauen Mantel geschenkt hat. Wir haben sie nicht oft besucht, aber jedesmal, wenn wir dort waren, wurden wir freundlich empfangen. »Wir geben den Kindern immer etwas zum Essen mit, wenn sie zu uns kommen«, hatte Frau Lehnert nun auch bei unserem letzten Besuch zu Mutter gesagt. Sie würde uns nicht im Stich lassen. Das hat Mutter sehr beruhigt, als sie in den Westen zu Vater fuhr.

Heute hatten wir Hunger, und Großmutter wäre froh gewesen, wenn wir etwas Milch oder Quark gehabt hätten. Sie sorgt jetzt allein für uns drei Kinder, seitdem Mutter weg ist. Deshalb habe ich die Milchkanne genommen und das blaue Einkaufsnetz und bin losgegangen. So hätte es Mutter ganz bestimmt auch gemacht.

Während ich die Dorfstraße entlang gehe, versuche ich, mir das freundliche Gesicht der Lehnert-Bäuerin unter ihrem rotgewürfelten Kopftuch vorzustellen.

Hoffentlich ist sie daheim. Mir kommt erst jetzt der Gedanke, daß sie vielleicht auf dem Feld ist und ich womöglich den weiten Weg ganz umsonst gemacht habe.

»Sie muß daheim sein, sie muß daheim sein!« sage ich laut vor mich hin, so, als hätten meine Worte Zauberkraft.

Da, vor der Tür des Bauernhauses, an dem ich gerade vorbeigehe, liegt ein weißer Spitz in der Sonne. Er hat wohl meine Stimme gehört, denn er spitzt plötzlich die Ohren. Und wie der Blitz springt er auf und schießt zu mir her, kläfft mich ganz heiser an und umkreist mich mit Sprüngen und Knurren. Ich habe schreckliche Angst, bleibe stehen und halte die Milchkanne über den Kopf. Das hätte ich nicht tun sollen, denn jetzt springt der Spitz an mir hoch, schnappt nach der Kanne und sieht mich böse an.

»Geh weg«, rufe ich, »geh weg!«

»Maxe«, kommt eine scharfe Stimme aus dem Haus. Das ist meine Rettung. Ohne einen Augenblick zu zögern, läßt der Spitz von mir ab, dreht sich um und läuft zurück. Dort hinten in der Stalltür steht eine Frau, sie hat ihn gerufen. Ich renne, so schnell ich kann, weiter, nur weg von dem kläffenden Ungetüm, biege in einen schmalen Sandweg ein, scheuche eine Schar Tauben auf und stehe endlich im Schatten von Lehnerts Haus, auf dem mit roten Ziegelsteinen gepflasterten Hof.

Alles ist ruhig hier, die Türen sind geschlossen, das Scheunentor auch. Ich klopfe an die Haustür. Doch da kann mich niemand hören und auch niemand »Herein« rufen, weil erst die Diele kommt und dann erst die Küche, in der jemand sein könnte. Darum drücke ich gleich die Klinke und öffne die Tür einen Spalt. Gleich zwängt sich eine graue Katze heraus, streicht um meine Beine und schnurrt. Ich gehe durch die Diele und gucke zur offenen Küchentür rein. In der Küche sitzt eine Frau. Ich habe sie schon mal gesehen, früher, sie gehört zu den ostpreußischen Flüchtlingen, die auf dem Hof einquartiert sind. Sie sitzt am Tisch und schält Kartoffeln.

»Guten Tag«, sage ich und bleibe stehen.

»Was willst du?« fragt die Frau.

»Ich will zu Frau Lehnert«, sage ich.

»Die ist nicht da.« Ihr Blick bleibt an meiner Milchkanne hängen: »Die Milch ist heute schon weg, erst am Abend wird wieder gemolken.«

»Aber…« Mehr bringe ich nicht heraus.

»Hier, iß«, sagt die Frau und reicht mir eine rohe geschälte Kartoffel herüber.

Sie schmeckt mir, und ich kriege gleich noch eine.

»So, und jetzt geh«, sagt die Frau.

Ich bewege mich nicht von der Stelle und starre sie an. Sie kann mich doch nicht so einfach fortschicken; über eine Stunde bin ich hergelaufen und habe Großmutter versprochen, Milch für die Milchsuppe heimzubringen. Ich sage nichts, aber ich setze mich auf die Holzbank und warte einfach ab.

Niemand von uns beiden sagt etwas, ich höre, wie die

Frau wieder das Schälmesser ansetzt und ein leises, ziehendes Geräusch beim Abschälen macht und wie jedesmal die geschälte Kartoffel mit einem leichten Klatschen in den Eimer mit Wasser fällt.

Von draußen kommt Geräusch von einem Pferdewagen. Die Küchentür wird gleich darauf energisch geöffnet.

»Das wär geschafft«, sagt Frau Lehnert, als sie hereinkommt.

Jetzt sieht sie mich, ich lächle sie an.

»Das ist ja die Liese!« sagt sie. »Habt ihr schon Nachricht von eurer Mutter?«

Ich erzähle ihr, daß wir einen Brief von ihr haben und daß sie schon bei Vater in Hannover ist.

»Na, Gott sei Dank, dann hat sie es ja geschafft über die Grenze«, sagt Frau Lehnert, und zu der Ostpreußin sagt sie noch: »Ich hab gehört, daß die Grenze jetzt dicht ist. Wenn die Russen jetzt jemanden auf der Grenze erwischen, auf den schießen sie.«

Ich horche auf. Das hatte Mutter uns nicht vor ihrer Abreise gesagt. Sie wird es doch wissen, weil sie ja wieder zurück will, zu uns, nach Gößnitz. Vielleicht wollte sie Großmutter und uns keine Angst machen und hat es darum nicht gesagt, hat das von der gefährlichen Grenze für sich behalten. Ich werde es lieber auch für mich behalten.

Frau Lehnert geht in die Milchkammer, ruft mich zu sich und schüttet wie selbstverständlich aus einem blaugetupften Krug Milch in meine Kanne. Dabei guckt sie mich freundlich an. Nun greift sie auch noch in den Eierkorb, nimmt drei Eier heraus, wickelt sie vorsichtig in Zeitungspapier und legt sie in mein Netz.

»Nein, ihr seid ja vier«, sagt sie und gibt noch eins dazu. »So, und das trinkst du gleich hier aus!« Sie gießt

Milch in einen weißen Becher. Ich trinke die Milch gierig, sie schmeckt kühl und sahnig.

»Und einen schönen Gruß an deine Großmutter«, ruft sie mir nach, als ich mich bedankt habe und zur Türe gehe.

Ob die Frau in der Küche neidisch auf mich ist, daß ich nun doch noch Milch bekommen habe? Sie guckt mich gar nicht mehr an.

Draußen denke ich wieder an Mutter. Sie wird das mit der gefährlichen Grenze doch hoffentlich wissen!

Da, wo der Sandweg auf die Straße stößt, fällt mir der Spitz wieder ein. Ich hab Angst um die Eier, halte das Netz fester und drücke den Deckel auf die Milchkanne. Maxe heißt der Hund, das wenigstens weiß ich jetzt, und vielleicht wird er ruhig bleiben, wenn ich ihn so rufe. Maxe liegt tatsächlich noch da. Zum Glück hat er die Augen geschlossen. So schnell und so leise wie ich nur kann, schleiche ich vorbei. Nun kann er mich nicht mehr sehen. Der Heimweg ist weit, aber ich gehe flott, weil ich mich schon auf Großmutters überraschtes Gesicht freue.

Am späten Nachmittag bin ich zu Hause. Großmutter ist wirklich sehr froh. Sie sagt, daß sie Mutter schreiben will, wie gut ich für sie alle sorge.

Ich bin auch sehr zufrieden mit mir.

Beim Essen sitzen Christl und Wolfgang mit am Tisch. Sie sprechen von Hannover und tun so, als wäre es das Natürlichste von der Welt, so einfach aus Gößnitz wegzufahren, so einfach über eine gefährliche Grenze zu gehen. Aber sie wissen ja nicht, was ich weiß, und ich behalte für mich, was Frau Lehnert gesagt hat. Ich muß an alle meine Freunde denken, ich habe so viele, die ganze Bande, die Puppenspieler, Walter, Elsa, Waltraud.

Ich will nicht weg von hier und muß heulen. Die Tränen laufen mir übers Gesicht.

»Heulsuse, Heulsuse«, sagt Wolfgang. Dafür trete ich ihm unter dem Tisch gegen das Bein.

»Hört auf zu streiten«, sagt Großmutter, »wir warten jetzt erst mal ab, wie sich Mutter und Vater entscheiden. Vielleicht bleiben wir ja noch ganz lange hier.«

»Ich will aber nach Hannover«, schreit Wolfgang. Ich glaube, das sagt er nur, weil er zu Mutter will, egal, wo sie ist.

»Wenn wir in den Westen ziehen, muß ich meine Buntstifte hierlassen«, sage ich langsam.

»Warum denn das? Die kannst du doch drüben auch brauchen«, sagt Großmutter.

»Wenn ich in den Westen ginge, würde ich sie alle hier im Stich lassen, hat Waltraud gesagt. Denn sie können nicht weg, und dafür soll ich ihnen wenigstens etwas hierlassen; im Westen gibt es ja sowieso alles.«

»Weiß Waltraud denn auch, daß Vater dort nicht viel Geld verdient und selbst noch im Barackenlager wohnt?« fragt Großmutter.

»Das habe ich ihr erzählt, aber sie glaubt es mir nicht. Wenn es im Westen schlecht wäre, würdet ihr ja nicht hinziehen, sagt sie.«

»Na gut, dann wirst du ihr eben die Buntstifte hierlassen, falls wir überhaupt umziehen«, sagt Großmutter.

»Und Schokolade soll ich ihnen auch schicken, damit sie merken, daß ich an sie denke, wenn es mir gutgeht.«

Abends schreibe ich in mein Tagebuch:

Die Grenze ist gefährlich. Ich will nicht wegfahren, fortfahren, wegmachen, ausziehen, flüchten, abhaun, im Stich lassen, türmen, über die Grenze machen.
Ich will nicht weg!

Wie eine Beschwörungsformel steht es da. Ich schiebe das Tagebuch unter meine Matratze.

Schwein ist ein anderes Wort für Glück – und was ist Glück?

Nun gibt es kein: »Vielleicht bleiben wir doch hier« mehr. Wir werden wirklich in die Westzone nach Hannover zu Vater ziehen. Nur Großmutter darf hier in Gößnitz bleiben. Ich nicht. Dabei möchte Großmutter viel lieber mitkommen, damit sie hier nicht so allein ist. Wir könnten tauschen. Aber darauf läßt sich Mutter nicht ein.

»Wenn wir drüben eine Wohnung haben, holen wir Großmutter nach«, sagt Mutter.

Meine Freunde sind auch nicht damit einverstanden, daß ich wegziehe. Aber gegen den Willen der Eltern kann man nichts machen. Sie haben Gründe, fortzuziehen. Manchmal glaube ich aber, Mutter würde auch lieber hierbleiben. Ich sehe das an ihrem Gesicht, wenn ich sie frage, wo wir in Hannover wohnen werden. Aber sie gibt das nicht zu, jedenfalls vor mir nicht. Als Mutter von Westdeutschland zurückkam, hat sie uns gesagt, daß wir drüben nochmal einen neuen Anfang machen wollen: vielleicht bekommen wir drüben bald eine bessere Wohnung und Vater eine bessere Arbeit.

Vor vier Jahren haben wir hier in Gößnitz erst einen neuen Anfang gemacht, damals, als ich zum zweitenmal in das erste Schuljahr eingeschult wurde.

Als wir als Heimatvertriebene krank und müde hier ankamen, vor vier Jahren, durften wir hier wohnen bleiben. Wir haben die Freundschaft der Gößnitzer gewonnen.

Ich erinnere mich noch genau an die überfüllten Züge, an die Flüchtlingslager, an den Hunger, an den Durst auf den heißen Bahnhöfen, an die Aufregung, wenn ein Zug einfuhr, das Gedränge, die Angst, Mutter zu verlieren. Ich will sowas nicht nochmal erleben, ich will nicht. Wer sagt schon, ob es nicht wieder so eine Fahrt wird? Wir müssen es schaffen, über die Grenze zu kommen, wir müssen den Eisernen Vorhang überqueren. Mutter ist nicht sicher, ob wird das schaffen, ob wir vielleicht wieder zurückmüssen, wenn die russischen Wachtposten uns nicht durchlassen.

»Liese, du träumst schon wieder, was ist bloß los mit dir in der letzten Zeit?« Herr Gabler steht vor meiner Schulbank.

Ich sehe ihn an, meinen neuen Deutschlehrer, komme wie von weit her zurück. Sein Gesicht ist ein ovales Feld voller Sommersprossen, aus dem freundliche graublaue Augen blicken. Ich brauche gar nichts zu sagen, er wird nicht mehr schimpfen, er mag mich. Ich mag ihn auch.

Auf dem Heimweg werde ich auf ihn warten und ihm sagen, daß ich nächste Woche wegfahre, für immer.

»Erzählt es nicht überall herum«, hatte Mutter gesagt, »sonst bekommen wir noch Schwierigkeiten.«

Aber Herr Gabler muß es doch wissen! Wenn mein Platz auf der Bank leer ist, muß er doch wissen, wo ich bin. Er wird mich bestimmt vermissen, das weiß ich. Und ich will mich von ihm nicht einfach wegstehlen.

Ob ich in der Schule in Hannover weiter Russisch lernen kann? Mutter glaubt, ich muß Englisch lernen, weil dort England die Besatzungsmacht ist. Weiß sie auch, wie dort die Lehrer sind? Ich kann einfach nicht mehr richtig aufpassen, weil ich zuviel denken muß.

Nach der Schule gehe ich mit Herrn Gabler aus dem Schulhaus. Wir laufen zusammen über den grauen Schotterplatz, unseren Schulhof. Ich gehe dicht neben Herrn Gabler her, sehe immer auf seine braune Aktentasche neben mir und weiß nicht, wie ich anfangen soll.

Er sagt auch nichts.

So gehen wir noch bis zur Kreuzung. Jetzt muß ich es

sagen, denke ich, gleich wird er »Bis morgen« sagen, und dann ist er weg.

»Nächste Woche bin ich im Westen«, stoße ich hervor.

Er bleibt stehen, sieht auf mich herunter: »Ach! – Ja?«

»Wir fahren zu meinem Vater, er ist schon in Hannover.«

»Der hat ein Schwein«, sagt er dann und »bis morgen, Liese!«

Mehr sagt er nicht, er geht einfach, schlenkert mit der Aktentasche und biegt um die Ecke. Ich bin enttäuscht und trotte ganz langsam nach Hause. Ich verstehe nicht, wieso Vater ein Schwein haben soll.

Beim Mittagessen erklärt mir Mutter, daß Schwein ein anderes Wort für Glück ist. »Herr Gabler möchte wohl auch gern in den Westen, wenn er sowas sagt«, meint Mutter.

»Warum bloß will er denn weg, er hat es doch gut hier«, sage ich.

»Das hat auch politische Gründe«, antwortet Mutter. »Die drei westlichen Siegermächte, die Amerikaner, Engländer und Franzosen, lassen den Deutschen wieder mehr Rechte. Die Deutschen drüben haben sich ein neues Grundgesetz geben können und dürfen sich wieder selbst regieren. Sie dürfen auch den Beruf ausüben, den sie gelernt haben. Aber es ist nur das halbe Deutschland. Die sowjetische Besatzungszone macht dabei nicht mit. Und das weiß dein Herr Gabler, Liese.«

»Und deshalb gibt es dazwischen die Grenze«, sage ich.

Mutter nickt. Sie hat nur eine kurze Mittagspause, sie muß wieder in die Gärtnerei zurück und Beete hacken. Sie bindet sich ihr Kopftuch um und geht. Ich setze mich an meine Schularbeiten, die letzten in Gößnitz.

Ich schreibe sie mit meiner schönsten Schrift.

Sommer 1949
Züge...Züge, voll besetzt von West nach Ost, fast voller noch
von Ost nach West, und dazwischen der Eiserne Vorhang

Das gleichmäßige Rattern des Zuges macht mich schläfrig.
Wolfgang hat auch die Augen geschlossen, er kuschelt sich
mir gegenuber in Mutters Arm und schiebt dabei ihre
wichtige Stofftasche, die an einem schwarzen Band über
ihrer Schulter hängt, einfach zur Seite. Schweißperlen sind
auf Wolfgangs Stirn, auch auf Mutters. Es ist heiß im
Abteil. Ich darf aber meinen Mantel nicht ausziehen, weil
ich ihn beim Aussteigen im Gewühl nicht mehr finden
würde, hat Mutter gesagt. Christl sitzt neben mir, hat
auch ihren Mantel an. Es ist eng auf dem Sitzplatz. Christl
drückt mich ganz weit in die Ecke und zeigt dabei verstoh-
len auf ihre Nachbarin, eine dicke Frau mit Kopftuch, von
der sie zu mir hingedrängt wurde. Und daneben ist noch
eine Frau – ich sehe nur ihre Beine, sie hat sie weit nach
vorn gestreckt. Ihr gegenüber, neben Mutter, sitzt ein
Ehepaar auf der Bank. Der Mann hat ein rotes Gesicht,
wischt sich ständig den Schweiß von der Stirn. Seine Frau
unterhält sich mit der Dicken. Zwischen unseren Beinen
sind Taschen, verschnürte Kartons, über uns Koffer,
Rucksäcke.

Im Gang draußen stehen die Menschen eng zusammen-
gedrängt. Vor ein paar Minuten ist der Schaffner im Gang
über die Leute und das Gepäck gestiegen und hat sich auch
in unserem Abteil die Fahrkarten angesehen. So lange
wollte ich wach bleiben, die Augen wenigstens auflassen,
nicht schlafen. Ich wollte hellwach sein, sehen, ob der
Schaffner Verdacht schöpft, ob er merkt, daß wir die
russische Zone verlassen möchten, daß wir nicht in dem
Grenzort Öbisfelde mit unserem vielen Gepäck bleiben
wollen.

Der Schaffner hat aber nichts gemerkt, hat sich die Fahrkarten ganz ruhig angesehen, geknipst, hat uns Kinder gezählt, eins, zwei, drei, dann kamen die anderen dran. Beim Hinausgehen ist er über meinen Rucksack gestolpert. Bis Magdeburg kann ich jetzt ruhig die Augen zumachen. Ich bin so müde. Heute früh um drei Uhr mußten wir aufstehen. Die Sachen waren schon gepackt. Abschied von Großmutter.

Walters Mutter war mit zum Bahnhof gegangen, sie hatte ihren Leiterwagen dabei, auf den wir unser Gepäck geladen hatten.

»Das mach ich gern für euch«, hat sie gesagt, und »ihr werdet mir fehlen.«

Walter hatte mir ganz fest versprochen zu winken. Aber er hat verschlafen. Er hätte wenigstens aus dem Fenster sehen können, als ich über den Gartenweg wegging.

Ich höre noch das Quietschen und Knarren der Holzräder, wie Walters Mutter den Leiterwagen den Pfarrberg hinunterzog, dem Bahnhof zu. Keine Leute auf den Straßen, keine Kinder vor den Haustüren, alles leer. Niemand war da zum Abschied, zum Winken, zum Sagen: »Komm bald wieder«.

»Es ist besser, es sieht uns niemand«, hatte Mutter gesagt.

Mir kam es vor wie ein Wegstehlen, ein heimliches Verschwinden aus der Stadt, die ein neues Zuhause für mich geworden war.

Unten, im verwilderten Garten gegenüber dem Bahnhof, machten die Frösche ein Konzert.

»Abschiedskonzert«, sagte ich.

Mutter lachte kurz, ich sah Tränen in ihren Augen. Ob sie auch daran dachte, wie wir vor vier Jahren hier angekommen sind? Ich jedenfalls mußte daran denken, muß immer daran denken, wenn ich den Bahnhof sehe. Und jetzt stand ich wieder mit demselben Rucksack da, nur Großmutter fehlte. Sie blieb in Gößnitz, wollte warten, bis wir in Hannover eine Wohnung gefunden haben, und dann wollte sie nachkommen. Sie wollte am Ende gerne noch eine Weile bei den Gößnitzern bleiben, und vor allen Dingen wollte sie noch meinen Preis in Empfang nehmen. Einen Preis für meinen Aufsatz: ›Was ich werden will und warum‹. Aus jeder Klasse waren die besten Aufsätze ausgesucht und nach Berlin in das Büro der Jungen Pioniere geschickt worden. Herr Gabler hat mir am letzten Schultag noch schnell gesagt, daß ich einen Preis bekommen habe. Natürlich hatte ich in dem Aufsatz geschrieben, daß ich Russischlehrerin werden und nach Moskau fahren möchte, und daß ich das Land mit den schönen Märchen kennenlernen will.

Hoffentlich geben sie Großmutter auch jetzt noch den Preis, wenn sie merken, daß ich nicht mehr da bin.

»Was ich wohl gewonnen habe?« sage ich zu Christl.

»Wo gewonnen?« fragt sie geistesabwesend.

»Na, bei dem Preisausschreiben!«

»Die geben bestimmt an niemand den Preis, der in die Westzone abgereist ist«, meint sie leise.

»Doch, das müssen sie aber«, sage ich, glaube aber selbst nicht mehr richtig daran; Großmutter wird es schon machen.

Halb eingeschlafen höre ich, wie die Frauen sich im Abteil unterhalten, nur verstehen kann ich nicht, was sie sagen. Ihre Worte gehen im Rattern des Zuges für mich verloren. »Ach, wenn ... meinen Sie ... die Westdeutschen haben ...«

Mutter rüttelt mich wach: »Wir sind gleich in Magdeburg. Aufwachen! Nehmt eure Sachen, laßt nichts liegen!«

Ich sehe aus den von Ruß verschmierten Fensterscheiben. Felder, vereinzelt Häuser, eine Baumreihe, sie könnte an einer Straße stehen, die nach Magdeburg führt, Ruinen.

»Dort ist Magdeburg«, sagt Mutter.

»Magdeburg«, sagen auch die anderen Leute im Abteil, jeder sagt es einmal laut, auch Christl und Wolfgang, als könnten sie es nicht recht glauben.

»Das war mal der Dom«, sagt die Frau des Mannes mit dem roten Gesicht.

»Ich seh nur Ruinen«, antwortet er. »Alles kaputt, alles kaputt«, sagt er ganz langsam mehrmals hintereinander. Die Worte bleiben in meinem Kopf hängen. Ich habe sie schon mal gehört. Schon mal beim entsetzlichen Anblick einer zerbombten Stadt: Als wir 1945 bei unserer Vertreibung am Dresdener Bahnhof angekommen waren. Mein kleiner Bruder hatte sie damals ausgesprochen, er war vier Jahre alt.

Der schwitzende Mann mir gegenüber kann auch nichts anderes sagen als diese Worte, und wir können nichts anderes denken. Vier Jahre nach dem Krieg ragen die Ruinen noch in die Luft, die ausgebrochenen Fensterhöhlen starren wie leere Augen zu unserem Zug her. Die Menschen haben die Ruinen noch nicht weggeräumt, noch keine neuen Häuser gebaut. Es waren zu viele Ruinen, überall in den Städten in Deutschland; überall da, wo Amerikaner und Engländer Bomben abgeworfen haben, aus Rache, aus Vergeltung für den langen und bitteren Krieg.

»Sieht es in Hannover auch so aus?« frage ich Mutter.

Sie legt heftig den Finger auf den Mund und sieht mich entsetzt an. Da bin ich ruhig, frage nichts mehr, darf ja Hannover, die Stadt im Westen, hier nicht erwähnen, das hatte uns Mutter vor der Reise eingeschärft.

Mit lautem Quietschen hält der Zug: Menschen, Menschen. Der Bahnsteig ist voll von ihnen. Wir müssen aussteigen, schieben uns mit den anderen Leuten nach vorn, zum Ausgang hin.

Vanillepudding gibt es in einem kleinen Ausschank, Vanillepudding mit roter Soße. Mutter kauft jedem von uns ein kleines Schälchen.

Bis zur Abfahrt nach Öbisfelde müssen wir zwei Stunden warten. Wir hocken auf unserem Gepäck zwischen den Leuten, bleiben eng beieinander. Wieder sind die Erinnerungen da: an die Vertreibung vor vier Jahren, an das Warten auf den Bahnhöfen, die Unsicherheit, ob der Zug kommt, ob wir mitkommen, uns nicht verlieren, ob wir einen Platz im Abteil bekommen. Und warten, wieder warten.

Die einzige Sicherheit geben mir die Gesichter um mich her: Mutters Gesicht, Christls und Wolfgangs. Solange ich sie sehe, bin ich nicht ängstlich. So war es auch damals, nur damals war noch Großmutter im gewürfelten Kleid dabei – und Mariechen mit den lustigen Augen.

Im Warten auf Bahnhöfen kenne ich mich aus, sogar der Geruch ist mir noch vertraut, Geruch nach Schweiß, Staub und Ruß.

Der Zug kommt.

Wir bekommen alle Platz, sitzen zusammen, die Fahrt vergeht schnell, ich spiele mit Christl und Wolfgang »Ich sehe was, was du nicht siehst«. Es gibt viel Schwarz und Grau im Zug, wenige richtige Farben, und es ist ganz schwierig, zum Beispiel die schwarze linke Schraube am dunkelgrauen Bein der Sitzbank zu erraten.

Nachdem wir mit Spielen aufgehört haben, sehe ich mir die Leute an, teile sie ein in solche, die auch über die Grenze wollen und in solche, die in Öbisfelde bleiben, flüstere meine Überlegungen Christl zu. Sie teilt nicht immer meine Meinung; meine Grenzgänger sind die mit viel Gepäck und vorsichtig guckenden Augen, Christl meint aber, es sind die, die viel reden, die Lauten. Sie sagt, die täuschen vor, daß sie keine Angst haben. Vielleicht hat sie recht.

Am Bahnhof Öbisfelde holt Mutter einen Zettel aus ihrer Dokumententasche, mit Zeichnung und Adresse. Wir gehen durch die Straßen des kleinen Ortes. Nach der Skizze auf dem Zettel sucht Mutter die Leute, bei denen wir uns melden sollen. So braucht sie niemanden nach dem Namen zu fragen, so kann kein Verdacht auf die Leute fallen, die uns über die Grenze helfen werden. Vor einem gelbgestrichenen Haus bleibt sie stehen, klopft. Wir werden hereingelassen, nach oben geschickt, sollen uns in einem Raum für die Nacht niederlegen. Oben sind noch mehr Leute, auch Grenzgänger.

Morgen früh um sechs werden wir über die Grenze gehen. Die Tochter Emmy hat mit dem russischen Grenzposten schon alles besprochen. Mutter gibt ihr Geld, sie gibt uns einen Korb voll Eier und eine Flasche Schnaps dafür.

»Den gebt ihr ihm und sagt, der ist von Emmy«, sagt sie und klopft Mutter auf den Arm.

Im halbdunklen Raum sind Decken ausgebreitet, da legen wir uns drauf. Ich kriege Bauchweh, kriege Angst, möchte heulen, kann nicht, kann auch nicht mit Wolfgang oder Christl reden, habe nur Angst und mache mich unter der Decke ganz klein.

Emmy hat sogar einen Handwagen für unser Gepäck. Sie hilft Mutter beim Ziehen. Zur Grenze gehen wir, dorthin, wo der Eiserne Vorhang zwischen dem Osten und dem Westen sein soll.

Eine Wiese, ein kleiner Bach, ein Holzhaus, weiter drüben eine Brücke, darauf führt unsere Straße zu.

Vor dem Holzhaus zwei Soldaten mit Maschinenpistolen.

»Die Russen«, sagt Mutter. An ihrer Stimme merke ich, daß sie auch Angst hat.

»So, jetzt müßt ihr allein gehen«, sagt Emmy, »ich muß zurück.«

Wir laden das Gepäck ab, setzen die Rucksäcke auf, gehen den russischen Wachtposten entgegen. Die beiden Soldaten stehen und schauen, wie wir auf sie zukommen.

Weit hinter dem Holzhaus ist ein dunkelgrüner Tannenwald, ob das schon die andere Seite ist? Ich sehe zum Tannenwald hin, über die Russen hinweg, will dort drüben sein, im Wald. So sehr ich mich hinüber in den Wald wünsche, es bleibt dabei, ich stehe hier mit den Füßen auf der sandigen Straße, merke, wie meine Knie zittern. Einer kommt uns entgegen, bleibt in einiger Entfernung stehen, sagt was. Ich kann es nicht verstehen, obwohl ich doch Russisch in der Schule gelernt habe.

»Wir haben zuviel Gepäck«, sagt Mutter.

Sie zeigt ihm den Korb mit den Eiern und dem Schnaps.

Er winkt ab.

Er geht zu dem anderen Wachtposten, redet mit ihm, läßt uns stehen. Nach einer Weile ruft er uns was zu. Mutter stellt den Korb mit Eiern und Schnaps an den Straßenrand.

»Dawei, dawei!« ruft er, treibt uns an.

Wir gehen los, Richtung Brücke, rennen, stolpern, ziehen Wolfgang nach, rennen außer Atem, schon sind wir auf der Brücke.

Wir rennen immer noch, als uns einer in Uniform zuruft: »Halt, bleiben Sie doch stehen! Stehenbleiben!«

Die Stimme erschreckt uns, wir bleiben stehen, sehen einen Soldaten. Ist es noch ein russischer Grenzposten? Wird er uns einsperren, zurückschicken?

Er lacht.

»Westen«, sagt er, kommt freundlich auf uns zu. »Sie haben es geschafft.«

Er will unsere Papiere sehen, Ausweise, will wissen, wohin wir fahren wollen.

»Zu meinem Mann nach Hannover«, sagt Mutter.

»Okay«, sagt der Soldat.

Er ist wohl ein Engländer. Ob er uns auch rüberlaufen lassen würde, zurück, für Eier und Schnaps? Ohne zu schießen? Auch er hat eine Maschinenpistole umgehängt.

Ich drehe mich um, sehe die beiden Russen am anderen Ende der Wiese stehen, möchte ihnen zuwinken, trau mich aber nicht, solange der Engländer aufpaßt.

Die Grenze, die Linie, die die Ostzone von der Westzone trennt, kann ich nicht sehen. Aber ich habe sie gespürt, bin sie durchrannt, in Angst, von einem Posten zum anderen, von den Russen zu den Engländern. Und ich spüre es genau, so einfach kann ich da nicht mehr zurück.

Spätsommer 1949
Wenn Hoffnungen, Erwartungen, Wünsche sich nicht erfüllen? Wenn große Mühen umsonst scheinen?

Ein Birkenwald ist schwer zu puzzeln. Weil alle Teile fast gleich aussehen: schwarzweiße Zweige, hellgrüne Blätter vor blauem Himmel. Wenn doch wenigstens irgendwo ein Tier säße, dann ginge es leichter, eine Waldtaube vielleicht oder eine Maus, aber nur Bäume stehen da.

Noch ein Loch, ausgebuchtet nach der Mitte zu, ist im Himmel, ein größeres außerdem noch da, wo die Bäumchen aus dem Boden kommen. Ob ich es noch schaffe, alle die Teile, bis Mutter kommt?

Die Schwestern haben den Teller, in dem die Haferflockensuppe war, so spät abgeholt, sonst hätte ich schon früher mit dem Bild anfangen können. Aber das Puzzle lag auf dem Nachtschränkchen unter dem Tablett, und ich kann mich noch nicht so gut bewegen, weil die Blinddarmnarbe weh tut.

Die Tür wird aufgemacht, Schwester Magdalena guckt um die Ecke herum nach mir. Sie hat braune Augen und eine plattgedrückte Nase.

»Du kriegst Besuch, Liese«, ruft sie.

Mutter kommt, sie steht am Bett und lächelt mich an. Seit der Blinddarmoperation sehe ich sie zum erstenmal.

»Wir hatten so große Angst um dich«, sagt sie.

»Es tut noch sehr weh«, antworte ich. Am liebsten möchte ich die Bettdecke hochheben, ihr den Verband zeigen, aber dann würde das Puzzle verrutschen.

Mutter setzt sich und hilft mir, die Teile für den Himmel zu suchen. Sie findet sie, aber einsetzen will ich sie selbst. Nach einer Weile haben wir das Loch im Himmel zugepuzzelt, ein ganz zarter, hellblauer Himmel ist es.

Wir suchen jetzt die Teile für den Waldboden, und beim Einpassen erzählt Mutter, daß sie während der Operation vor der Tür gesessen habe, bis der Arzt aus dem Operationssaal herauskam und ihr mitteilte, daß alles in Ordnung sei. Aber höchste Zeit sei es gewesen, der Blinddarm war kurz vor dem Durchbruch. Sie erzählt, daß mich die Leute aus dem Lager grüßen lassen, sagt, daß sich Opa Wulf, der alte Mann, der uns gegenüber schläft, jetzt um Wolfgang kümmert, so daß sie ganz beruhigt zu mir kommen konnte.

Es dauert nicht lange, da kommt Schwester Magdalena wieder herein. Sie möchte, daß Mutter wieder geht, weil ich schlafen soll.

Mutter geht, verspricht, jeden Tag wiederzukommen und sagt: »Iß nur tüchtig, Liese, hörst du!«

Mutter ist fort. Auch in den anderen Betten im Zimmer liegen frisch operierte Kinder. Sie sagen nicht viel, haben nur Durst, genau wie ich.

Opa Wulf aus dem Lager ist ein lieber Mensch, und die Leute lassen mich grüßen. Es sind ja so viele im Lager, die kennen mich doch gar nicht richtig. Sicher wird Mutter unten in der Lagerküche von meiner schwierigen Operation erzählt haben.

Da stehen sie immer, die Frauen, um die Herde herum, rühren in ihren Pfannen und Töpfen oder warten auf den Bänken an der Wand, bis ein Platz auf dem Herd für sie frei wird. Das ist eine gute Gelegenheit zum Erzählen.

Jetzt wohnen wir wieder in einem Lager, in einem Flüchtlingslager, hier in Hannover, wo doch alles viel besser sein sollte als in Gößnitz.

Schon als wir am Bahnhof ankamen, konnte ich merken, daß hier nicht alles besser ist. Die Mauern der Bahnhofshalle waren zerschossen vom Krieg, auf dem Platz vor dem Bahnhof lagen Trümmerreste, ganze Straßenzüge entlang standen rechts und links nur aufeinandergeschichtete Steine an den Straßenrändern.

Wir wurden in ein Hospiz in Bahnhofsnähe geschickt, dort durften wir ein paar Nächte bleiben. Bei Vater in der Holzbaracke war kein Platz für uns. Er lebte mit fünf anderen Männern in einem kleinen Raum, hatte nur seinen Bettplatz und ein Fach für die Wäsche im Eisenschrank. Alles andere teilte er mit den fünf Männern: die zwei Hocker, den Tisch, den Ofen, die Töpfe und das Geschirr.

Als wir ankamen, kochte er uns Malzkaffee, und die

Männer liehen uns Kindern ihre Tassen. Es war gemütlich in Vaters Baracke, aber wir hatten keinen Platz dort.

In Hannover gibt es keine Wohnung für uns, auch hier sind viele Flüchtlinge, Vertriebene aus den deutschen Ostgebieten, und viele Menschen, deren Häuser ausgebombt wurden. Alle suchen eine Wohnung.

»Drei Kinder haben Sie!« hörten wir immer wieder von den Leuten, deren Adresse Mutter vom Wohnungsamt bekommen hatte. Drei Kinder waren immer zu viel für die Vermieter von Zimmern, kleinen Wohnungen oder irgendwelchen Räumen im Haus.

Es blieb uns nichts anderes übrig, als in ein Lager zu ziehen. Wir wohnen jetzt in einem früheren Schulgebäude, einem Klassenraum, gleich links neben der Treppe im ersten Stock.

Und gleich hinter der Tür ist unser Platz.

Zwischen die beiden Stockbetten, in denen wir zu fünft schlafen, paßt gerade ein Tisch. Und neben uns, nur durch eine Wand aus Packpapier, das Mutter mit Reißzwecken an meinem Bett befestigt hat, getrennt, wohnen schon die nächsten Leute.

Sechs Familien in einem Klassenraum.

Wenn ich abends im Bett liege, höre ich sie reden, lachen, schimpfen, streiten, rülpsen, gähnen, mit Sachen hantieren.

Am liebsten mag ich Oma und Opa Wulf. Sie wohnen uns gegenüber, haben nur einen schmalen Gang neben ihrem Stockbett. Wenn sie essen, stellen sie den Teller auf ihre Knie. Oma Wulf hat an ihrem Bettpfosten Fotos von ihrem Sohn hängen. Der mußte mit sechzehn Jahren in den Krieg und ist vom Rußlandfeldzug noch nicht zurückgekommen.

»Ich bete jeden Abend und jeden Morgen, daß er wieder nach Hause kommt«, sagt sie.

Oma Wulf schläft oben im Stockbett, weil sie leichter als Opa Wulf ist und noch besser klettern kann.

Opa Wulf geht oft mit Wolfgang in den umliegenden Straßen spazieren und sucht Altmetall und Nägel. Wenn es regnet, sitzen die beiden draußen im Flur auf der Treppe und klopfen die Nägel gerade. Opa Wulf kennt eine Stelle, wo er die Nägel verkaufen kann.

Schade, daß ich die Lagerkinder noch nicht richtig kenne, der Blinddarm kam dazwischen. Weil ich so oft Bauchschmerzen hatte, durfte ich draußen nicht mitspielen. Aber es sind schon ein paar Kinder dabei, die mir gefallen. Auf dem Weg über den Hof zum Toilettenhaus habe ich sie gesehen.

Mutter kommt jetzt jeden Tag ins Krankenhaus. Gestern hat sie mir eine Orange mitgebracht, die erste in meinem Leben, und Schokolade. Leider muß ich die Schokolade noch aufheben, darf sie erst in ein paar Tagen essen wegen der Verstopfungsgefahr, schade. Aber so sehe ich sie wenigstens auf dem Nachttischchen, und an ihr kann ich erkennen, daß ich im Westen bin. Wenn Waltraud und Walter die Schokolade sehen könnten!

Heute werde ich entlassen, aber nicht ins Lager. Weil ich noch so dünn und unterernährt bin, werde ich jetzt gleich in ein Erholungsheim in den Deister gebracht. Der Deister ist ein Gebirge in der Nähe von Hannover. Das hat mir Schwester Magdalena erzählt. Während der Fahrt im Krankenwagen kann ich aber nichts von der Landschaft sehen, weil ich auf einer Pritsche liegen muß. Sybille, meine Bettnachbarin aus dem Krankenhaus, liegt neben mir. Sie kommt wie ich in das Erholungsheim. Als wir ausgeladen werden, können wir sehen, daß das Heim eine Holzbaracke ist, die zwischen hohen Bäumen steht. Sybille und ich werden wieder zusammen in ein Zimmer gelegt. Hier haben die Schwestern mehr Zeit für uns als im großen Krankenhaus. Sie setzen sich zu uns ans Bett und erzählen, oder sie spielen mit uns Quartett. Sie sagen uns immer wieder, wir sollen viel essen, damit wir bald in den Wald gehen dürfen.

Am Abend ist das Fenster noch weit auf. Ich höre die Bäume im Wind rauschen und sehe zu, wie die Abendsonne Kringel an die Bretter der Zimmerwand malt.

Hier gefällt es mir.

Es ist ganz ruhig in der Baracke. Plötzlich ein leises Geräusch von Papier! Aus der Bretterwand an meinem Bett schiebt sich ein zusammengerollter Zettel und fällt auf meine Decke.

»Sybille, guck mal« ruf ich zu ihr ’rüber.

Sie kommt an mein Bett, wir rollen den Zettel auf.

Hallo ihr, schreibt mal was, Dieter.

Wir kichern, im Zimmer neben uns liegt also ein Junge. Er heißt Dieter.

Wie alt bist du?

schreiben wir auf den Zettel, rollen ihn wieder eng zusammen und schieben ihn zurück durch das kleine Loch in der Wand.

Hin und her geht der Zettel, er ist schon ganz vollgekritzelt. Jetzt wissen wir: Dieter ist zwölf Jahre alt, hatte Lungenentzündung und ist schon vier Wochen hier; er kennt eine Stelle im Wald, wo es Himbeeren gibt.

Wie Dieter wohl aussieht? Durch das Loch im Brett kann ich nichts erkennen. Er darf ja schon aufstehen, dann kann er morgen ans Fenster kommen.

Er kommt schon heute, aber nicht ans Fenster. Ganz leise geht die Tür auf, er lacht zu uns herein und verschwindet wieder, weil er eine Schwester gehört hat.

Türenklappen, Stimme am Loch in der Wand: »Nichts verraten!«

Ich freue mich auf morgen. Morgen ist Sonntag, und wir haben einen Freund hier.

Am Sonntagnachmittag kommt Vater. Er steht auf einmal im Zimmer und strahlt, in der Hand eine Tafel Schokolade. Mit Vaters Besuch habe ich am allerwenigsten gerechnet, es sind viele Kilometer von Hannover zum Deister, und er hat ja kein Geld für die Bahnfahrt.

»Ich bin zu dir gewandert«, sagt er, »es ist so ein schöner heller Tag, und ich muß doch sehen, wie es dir geht, Liese.«

Vater erzählt mir von draußen, wie er über den Deisterkamm gekommen ist und die Baracken hier unten im Tal gesehen hat; wie er dachte, da hat es seine Liese gut.

Er erzählt mir von den sonnigen Waldwegen, den Himbeeren an den Wegrändern, den Waldtauben, die er gesehen hat, wie sie in das Birkenwäldchen geflogen sind und wie der Himmel so blau ist.

Ich will schnell gesund werden, sehr schnell.

Früher Herbst 1949
Den Krieg und seine Unmenschlichkeit nie vergessen

Ich habe ihn verloren. Ich finde ihn nicht mehr zwischen den vielen Menschen auf der Straße, die zum Hauptbahnhof führt.

Wie er das nur gemacht hat, so schnell durch die Leute hindurch zu rollen, ich komme an ihnen ja kaum vorbei. In beiden Richtungen laufen sie, mit Einkaufstaschen beladen, wollen zum Zug oder mit der Straßenbahn nach Hause fahren.

So viele Menschen in einer Straße mitten in der Stadt gab es in Gößnitz nie, höchstens nach einer Versammlung am Schulplatz oder nach der Zirkusvorstellung. Hier in Hannover ist es jeden Nachmittag so voll, sagt Vater, immer, wenn die Leute von ihrer Arbeit nach Hause gehen. Ich werde mich schon daran gewöhnen. Ich schiebe zwei Frauen zur Seite, drücke mich an der Hauswand entlang, beeile mich, ich will den Mann wiedersehen.

Mäntel, Beine, Schuhe von hinten.

Beine können gehen, können laufen, die Straße entlang, können stehenbleiben, wenn der Mensch nicht mehr laufen will.

Der Mann, den ich suche, dem ich hinterherrenne, hat keine Beine mehr. Ab sind sie, einfach ab, kurz unter dem Bauch.

Ich höre einen schrillen Ton, in kurzen Abständen auf einer Trillerpfeife gepfiffen. Das muß er sein. Ich habe die Trillerpfeife ja vorhin in seinem Mund gesehen. Da, ich habe ihn, da rollt er, pfeift laut und pausenlos, und die Leute springen erschreckt zur Seite und lassen ihn vorbei. So kommt er schnell voran, das ist sein Trick. Ich hole ihn ein, haste kurz hinter ihm her.

Auf einem kleinen Brett mit Rädern sind seine Beinstümpfe mit einem Lederriemen festgeschnallt, die Soldatenjacke verdeckt die Stümpfe nicht ganz. Und die Hände! Sie stoßen sich auf der Straße ab, rasch, in Eile, immer wieder berühren sie den staubigen Asphalt.

Ich möchte den Mann von hinten beschützen, daß ihm niemand was tut. Er ist ohne seine Beine viel kleiner als ich. Aber er weiß nicht, daß ich hinter ihm bin, ist es wohl schon gewohnt, so zu rollen. Jetzt überquert er die Straße vor dem Bahnhof, rollt über den Platz zum Reiterdenkmal, wird langsamer.

Am Sockel des Denkmals sitzen ein paar Männer, sie

94

haben Soldatenmäntel an, haben grüne Rucksäcke neben sich stehen, unrasierte Gesichter. Der kleine Mann rollt zu ihnen hin, stellt sich neben ihnen auf, nein, steht nicht, sitzt, sitzt auch nicht, kann ja gar nicht sitzen, hat ja keine Beine zum Überschlagen. Er ist auf dem Brett.

Ich stehe vor ihm, sehe ihn an, sehe an meinen Beinen herunter. Sie wären zu kurz für ihn, zu dünn. Er streckt seine Hand aus und sieht den vorbeigehenden Leuten in die Gesichter. Eine Frau legt ihm ein Geldstück hinein.

Jetzt sieht er mich, sieht mich an, mit ernsten Augen. Er sieht fast so aus wie Herr Gabler, mein Lehrer aus Gößnitz, hat auch Sommersprossen und lächelt plötzlich.

»Sieht nicht schön aus«, sagt er zu mir, »wenn ich Geld habe, kaufe ich mir neue Beine.«

Ich glaube, ich stehe mit offenem Mund da, will was fragen, will wissen, warum er so aussieht. Ich brauche nicht zu fragen, er sagt es schon.

»Man hat mir die Beine abgenommen, sie waren ganz und gar zerschossen.« Er sagt es nicht zu mir, sagt es zu einer alten Frau, die ihm auch etwas Geld gibt.

Das muß ich Vater sagen. Ich drehe mich um. Vater! Ich hab ihn ja ganz vergessen, ich sollte vor dem Lebensmittelgeschäft auf ihn warten! Jetzt wird er mich suchen. Ich muß zurück.

Wieder renne ich mit dem Menschenstrom, bis zu der Stelle, an der ich auf Vater warten sollte. Da steht er schon, sieht mir entgegen.

»Du kannst doch nicht einfach weglaufen! Wo warst du denn? Ich bin schon eine ganze Weile hier«, sagt er.

Ich erzähle ihm von dem Soldaten, möchte, daß Vater ihn sieht, mit ihm spricht.

Aber Vater will nicht mitgehen, wir müssen nach Hause.

Er erzählt mir, daß viele Soldaten als Krüppel aus dem

Krieg nach Hause gekommen sind, er hat sie gesehen, sehr viele, mit abgeschossenen Armen und Beinen.

»Die armen Jungen«, sagt er, »dieser sinnlose Krieg hat so viel Elend gebracht.«

Vater hält meine Hand und geht mit mir zurück zum Lager. Es ist ein weiter Weg bis an den Stadtrand, aber wir müssen das Straßenbahngeld sparen. Sonst ist mir das Laufen oft zu anstrengend, möchte lieber Straßenbahn fahren. Heute sage ich nichts, laufe mit langen Schritten neben Vaters Beinen her.

Von den Bäumen am Straßenrand fällt das Laub. Es beginnt zu regnen.

Zu Hause, im Lager, in unserem Bettenabteil im Klassenzimmer, steht ein Paket auf dem Tisch. Es sei für mich, sagt Mutter, aus der Schweiz. Aber ich kenne doch niemanden in der Schweiz! Wirklich, an mich ist es adressiert, deutlich steht mein Name auf dem Paket. Mutter sitzt am Bettrand, flickt Wolfgangs Hose und lacht.

»Da staunst du, was? Weil du so krank gewesen bist, hat unsere Gemeindeschwester deinen Namen an Leute in der Schweiz weitergegeben, an Menschen, die deutschen Kindern helfen wollen. Und jetzt ist ein Paket da.«

»Von wem ist es?« will ich wissen.

Da steht der Absender: Professor Ackermann, Horw, Luzern.

Mutter gibt mir die Schere.

»Pack nur aus!« sagt sie.

Alle stehen herum, unsere Bettnachbarn auch, Oma Wulf kommt schnell noch dazu. Sie staunen, was ich alles auf den Tisch stelle: eine Dose Kakao, Milchpulver, Mehl, Schokolade, ein Glas Honig, Fleischdosen!

Es ist wie Geburtstag oder wie Weihnachten.

So gute Lebensmittel können wir uns von dem wenigen Geld, das Vater auf dem Bau verdient, nur selten kaufen.

Wir stehen und staunen.

Ich kann es immer noch nicht begreifen. Ein fremder Mann aus einem anderen Land schickt ausgerechnet mir, einem fremden Kind, so ein teures Paket. Ich habe doch nichts dafür getan. Einfach deshalb habe ich es bekommen, weil ich krank gewesen bin.

»Aber er kennt mich doch gar nicht«, sage ich laut.

»Es gibt gute Menschen«, sagt Mutter, »und wir Deutschen müssen das besonders schätzen, weil wir im Krieg die Ausländer oft schlecht behandelt haben.«

»Aber wir doch nicht«, sage ich.

»Trotzdem, es waren die Deutschen«, Vater sagt es und holt zwischen den Päckchen einen Brief heraus.

Er öffnet ihn. Er ist an die Familie gerichtet und auch an mich.

Vater liest vor:

»... Ich möchte Ihrem Kind ein wenig kräftigende Kost schicken, damit es bald wieder ganz gesund wird. Es ist nicht viel, was ich für Sie tun kann, aber ich hoffe, es hilft doch etwas. Ich weiß, daß die deutschen Kinder unschuldig sind an dem, was unter Hitlers Herrschaft in Deutschland geschah, und daß sie auch am Krieg keine Schuld tragen. Liese, Ihr Kind, soll erfahren, daß Menschen sich gegenseitig helfen können. Ich schicke Ihrer Liese ab jetzt jeden Monat ein Paket und hoffe, daß sie alle Dinge daraus gut gebrauchen kann.

Ihr Professor Ackermann«

Vater macht eine Pause. »Ein guter Mensch«, sagt er. »Wir werden ihm einen Brief schreiben und ihm sagen, wie dankbar wir sind.«

Dann öffnet er eine Tafel Schokolade, echte Schweizer Schokolade! Jeder bekommt ein Stück.

»Aber das Größte ist für Liese«, ruft Mutter.

Herbst 1949
Eine gute Erfahrung: Unter fünfzig Menschen ist sicherlich einer, der dich versteht

---

»Ich komm noch mit zu dir rauf«, sage ich zu Gisela, während ich mich in den braunen Türrahmen drücke. Fast stoße ich an die vielen Klingelknöpfe. Ich hoffe, daß Gisela schnell die Tür aufschließt und mich reinläßt.

Christa und Siegtraut, die beiden Mädchen aus meiner Klasse, dürfen mich nicht sehen. Sie sind nach der Schule hinter mir hergerannt; ich bin schnell davongelaufen, damit sie mich nicht einholen. Ich werde jetzt erst einmal eine Weile bei Gisela bleiben, solange, bis ich ganz sicher bin, daß Christa und Siegtraut schon weit weg sind.

Sie wollen, daß ich ihnen die Zirkuskunststücke zeige, die ich in der Ostzone im Zirkus gelernt und dem Publikum vorgeführt habe. Wenn sie merken, daß ich geschwindelt und mir die Geschichten nur ausgedacht habe, werden sie mich vor der ganzen Klasse auslachen. Aber ich mußte ihnen irgend etwas Besonderes von mir erzählen, etwas ganz Tolles, weil sie schlecht über Lagerkinder sprechen. Sie sagen immer, die sind nur im Lager drin, weil sie es zu nichts bringen. Sie sagen, Lagerkinder sind dreckig und haben Läuse.

Deshalb wollen sie nicht mit Lagerkindern spielen, nicht einmal auf dem Schulhof mit ihnen zusammen sein.

Eigentlich könnten mir Christa und Siegtraut egal sein, ich habe ja eine Freundin in meiner neuen Klasse gefunden. Gisela ist es. Sie wohnt in einer richtigen Wohnung mit einem eigenen Flur, einer Küche und einem Badezimmer. Und sie mag mich, obwohl ich ein Lagerkind bin. Aber die beiden anderen haben den gleichen Schulweg wie ich, und der ist weit, führt durch viele Straßen, und dann durch Schrebergärten hindurch, schließlich über eine Brücke. Erst dort trennen sich unsere Wege. Rechts hinunter geht es zum Lager, die beiden anderen aber gehen links ab zu ihren Häusern, die in großen Gärten liegen.

Jetzt im Herbst ist der Schulweg schlammig, überall stehen Pfützen, weil es so oft regnet. Es gehen kaum Erwachsene dort entlang, denn während der kalten Jahreszeit können sie in ihren Schrebergärten nichts tun. Da bin ich den beiden ausgeliefert. Sie schubsen mich in die Pfützen und nehmen mir den Ranzen weg. Gestern haben sie ihn über eine Gartenhecke geschmissen und sind einfach weggerannt.

Und darum habe ich heute früh, als ich sie auf dem Weg zur Schule wieder getroffen habe, erzählt, daß ich etwas kann, was sie nicht können, und daß ich in Gößnitz im Zirkus aufgetreten bin. Ich habe dabei an Anitas Zirkus gedacht und auch daran, daß ich manche Kunststücke fast so gut konnte wie sie. Und so wurde eben Anitas Zirkus zu dem meinen.

Anfangs machte das auch Eindruck auf die beiden, sie staunten und fragten mich aus. Ich habe erzählt, daß ich reite, daß ich die Waage auf dem Pferd kann, auf Zehenspitzen tanze und daß ich zaubern kann.

Dann aber sagten sie zu mir: »Du schneidest auf, das kannst du nicht.«

»Ich kann das doch!« antwortete ich trotzig.

»Das stimmt doch alles gar nicht«, sagten sie wieder.

So ging es hin und her, bis wir zum Schulhof kamen. In der Pause umringten mich Christa und Siegtraut mit ihren Freundinnen. Ich sollte ihnen gleich die Kunststücke vormachen, sonst ginge es mir schlecht.

»Hier auf dem Schulhof mach ich nichts vor«, habe ich gesagt.

»Aber dann auf dem Heimweg! Wehe, wenn du uns angelogen hast.« Sie schrien richtig und lachten mich aus.

Zum Glück kam Gisela dazu. Sie sagte nur: »Laßt sie doch in Ruhe!« – und dann ließen sie mich erst mal stehen.

Ich laufe mit Gisela die Treppe hoch. Sie hält ein dickes Schlüsselbund in der Hand. Im dritten Stock angekommen, schließt sie die Tür auf. So einen Schlüsselbund, der zu einer Wohnung gehört, möchte ich auch einmal haben, zu einer Wohnung, die man abschließen kann, wenn man weggeht.

Im Lager gibt es keinen abgeschlossenen Raum für uns, überall sind Leute, viele Leute, sechs Familien in einem Klassenzimmer. Sie sind dabei, wenn ich esse, wenn ich Schulaufgaben mache, wenn ich mich wasche, wenn ich mich mit Wolfgang streite, wenn ich heule, wenn ich ins Bett gehe, wenn ich schlafe. Nie bin ich mal allein, immer geht gerade jemand vorbei, sieht mir zu, oder tut so, als sähe er mich nicht und sieht mich doch, sagt was zu mir, redet zu den anderen.

Giselas Mutter arbeitet in einem Büro und kommt erst spät nach Hause. So macht sich Gisela mittags Brote und Kaffee. Später kauft sie ein. Eßwaren für ein warmes Abendessen.

Ihre Mutter schreibt ihr auf einen Zettel, was sie einholen soll. In Giselas Küche gefällt es mir. Da ist ein Herd ganz für sie und ihre Mutter allein; sie können, wann sie wollen, einen Topf aufsetzen, müssen nicht erst warten, bis eine Gasflamme frei wird, wie wir im Lager.

Ich sehe Gisela zu, wie sie in aller Ruhe Malzkaffee kocht und uns beiden Brote mit Marmelade streicht.

So eine Küche müßte Mutter haben!

Ich bleibe lange bei Gisela, erzähle ihr auch, daß ich das mit den Kunststücken gelogen habe. Sie sagt mir, daß sie das niemandem verraten wird. Dann zeige ich ihr, was ich wirklich kann, Spagat, bis fast zum Boden, und wir üben beide auf ihrem weichen Teppich und lachen den ganzen Nachmittag.

Es ist schon ziemlich spät, als ich ins Lager zurückkomme. Mutter schimpft mit mir, weil sie nicht wußte, wo ich nach der Schule geblieben bin. Außerdem hatte sie schon auf mich gewartet, weil sie mir den Brief von Großmutter vorlesen wollte. An jeden von uns hat Großmutter ein paar Zeilen geschrieben. Mutter liest vor, weil Großmutter in deutscher Schrift geschrieben hat; die kann ich nicht lesen.

»Liebe Liese!
Ich kann dir nun endlich dein Bettjäckchen schicken, es ist fertig. Das Stricken ging mir nicht so schnell von der Hand, weil ich Schmerzen in den Armen hatte. Aber ich freue mich doch, daß du wenigstens etwas von deinem Preis hast.

Eigentlich hätte es ja eine Reise nach Berlin werden sollen. Weil du aber im Westen bist, wollten dir die Jungen Pioniere den Preis absprechen. Ich habe ihnen aber keine Ruhe gelassen, bis sie mir endlich ein paar Knäuel rosa Wolle gegeben haben. Ich glaube, du kannst das Bettjäckchen gut gebrauchen, weil es nachts im Lager oft kühl ist, ich weiß das von früher.

Walter läßt dich grüßen; er hilft mir, die Kohlen hochzutragen. Er ist ein lieber Junge.

Deine Großmutter«

Mir ist ganz warm geworden, als Mutter den Namen Walter vorliest. Der müßte jetzt hier sein und mit mir zur Schule gehen! Dann würden sich Christa und Siegtraut nichts trauen, da würden sie mich in Ruhe lassen.

Mutter sagt: »Großmutter wartet jetzt schon so lange darauf, daß wir sie nach Hannover holen. Aber hier im Lager können wir sie nicht unterbringen. Ob wir hier nie mehr herauskommen?« Aber dann fährt sie mit fester Stimme fort: »Das Wohnungsamt hat uns jetzt auf die Dringlichkeitsliste gesetzt – vielleicht hilft es was.«

»Die Kinder sagen, wir hätten selbst schuld, daß wir noch immer im Lager sind«, entfährt es mir jetzt.

»Welche Kinder haben das gesagt?« fragt Mutter.

»Zwei aus meiner Klasse.«

»Kinder reden nach, was die Erwachsenen sagen. Wo wohnen die beiden denn?«

»Drüben in den Einfamilienhäusern hinterm Kanal«, gebe ich zur Antwort.

»Haben sie Zimmer an Flüchtlinge vermietet?« will Mutter wissen.

»Christas Eltern bestimmt nicht, das weiß ich, weil sie mir das gesagt hat. Sie haben das Haus nur für sich allein.«

»Sie waren also nie obdachlos und können gar nicht wissen, wie schwer es ist, eine Wohnung zu finden. Deshalb kommen sie auch nicht darauf, Flüchtlingen zu helfen. Sie haben überhaupt kein Recht, schlecht von uns zu sprechen. Sie denken nur an sich.«

Frau Rote, unsere Bettnachbarin, kommt mit einer Zeitung zu uns herüber. Sie hat unser Gespräch bestimmt mit angehört, denn sie setzt sich gleich zu uns, zeigt auf einen Artikel in der Zeitung und sagt: »Im Frühjahr 1950 sollen die ersten 330 Wohnungen in einem Neubaugebiet für Flüchtlinge fertiggestellt sein. Familien mit vielen Kindern werden bevorzugt. Da werdet ihr bestimmt dabei sein.«

Mutter nimmt ihr die Zeitung aus der Hand und liest selbst. Sie schöpft Hoffnung, will Vater die Zeitung zeigen, wenn er von der Arbeit daheim ist.

Ich muß noch Schulaufgaben machen, sie müssen fertig sein, bevor Vater heimkommt, weil dann kein Platz mehr am Tisch ist. Ich hole meine Englischsachen heraus und schreibe die Sätze aus dem Buch ins Heft. Russisch gibt es hier nicht an der Schule. Schade. So mußte ich fast zehn Seiten englische Vokabeln nachlernen, die die anderen in der Klasse schon gelernt hatten.

Während ich schreibe, gucke ich zu Oma Wulf hinüber, sie lächelt zu mir rüber und nickt. Wenn ich fertig bin, werde ich ihr mein Heft zeigen, dann kann sie wieder staunen.

So – und nun nur noch Rechnen. Ich muß die Aufgaben von gestern noch einmal abschreiben, Herr Nüstedt, mein Lehrer, hat sie durchgestrichen, weil ich so geschmiert habe.

Jetzt gehe ich mit dem Englischheft zu Oma Wulf rüber, setze mich neben sie aufs Bett und lese ihr die Sätze vor.

Dann sagt sie: »Was du schon alles kannst, das haben wir früher nicht gelernt, ihr habt es heute gut.«

Bevor ich in unsere Ecke zurückgehe, werfe ich noch einen Blick auf das Foto von ihrem Sohn Franz. Er ist noch immer nicht zurück, jetzt, fünf Jahre nach dem Ende des Krieges.

Aber Oma Wulf sagt: »Er kommt noch, wirst es schon sehen.«

»Und wir kriegen im Frühjahr eine Wohnung«, sage

ich zu ihr. »Und vielleicht findet Vater auch bald eine Stelle in seinem alten Beruf.«

Ein starker Duft von Selleriesuppe zieht in meine Nase. Mutter hat den Topf aus der Lagerküche geholt und deckt den Tisch.

Winter 1949/50

Wieder weiterhoffen, weiterplanen, weiterarbeiten!

Eine richtige neue Wohnung wird nicht gefunden, nur eine Behelfswohnung. Zwei Zimmer, Küche ohne Wasserhahn, kein Bad.

Zu viele sind es, die eine Wohnung brauchen: die Ausgebombten, die Flüchtlinge, die Vertriebenen. Aber es gibt einen kleinen Garten mit einem Kartoffelacker und die Hoffnung auf eigenes Gemüse im Sommer.

Nach und nach verschwinden die Ruinen in der Innenstadt, an ihrer Stelle wachsen kleine Läden mit bunten Schaufenstern, hier und da entsteht ein Hochhaus. Optimismus überall, es wird besser, ihr seht es, der Wohlstand kommt!

Großmutter kommt nach, älter, gebrechlicher, mit großer Sehnsucht nach der Heimat, dem Dorf in der Tschechoslowakei.

»Deutschland baut auf!« tönt es laut aus dem neuen Radio zwischen amerikanischer Musik und neuen deutschen Schlagern. Auch das kann Großmutter nicht verstehen. »Wir sind jetzt noch weiter fort von zu Hause«, sagt sie. Doch wir anderen fassen Fuß, auch im Beruf, richten uns ein, wieder einmal von vorn, gründen wieder feste Freundschaften, verwachsen wieder einmal mit der Straßengemeinschaft, der Stadt, dem Land ... welcher Zukunft entgegen?